Hans-Jürgen Urban (Hrsg.)
Gute Arbeit gegen Rechts

Autor*innen & Redakteure

Christiane Benner ist Erste Vorsitzende der IG Metall.

Charlotte Boebel ist ehemalige Bildungsreferentin und arbeitet jetzt in der Grundsatzabteilung des Vorstandes der IG Metall.

Carsten Büchling ist Betriebsratsvorsitzender VW Kassel-Baunatal.

Richard Detje ist Sozialwissenschaftler und Mitglied im Vorstand der Rosa Luxemburg Stiftung.

Dr. Ernesto Klengel ist wissenschaftlicher Direktor des Hugo Sinzheimer Instituts für Arbeits- und Sozialrecht, Frankfurt a.M.

Tomas Knabel ist Geschäftsführer der IG Metall Zwickau.

Rhonda Koch ist Referentin beim Betriebsrat VW Baunatal.

Bernd Lösche ist Betriebsratsvorsitzender Opel Eisenach und Mitglied des Vorstandes der IG Metall.

Dirk Neumann ist Bereichsleiter Arbeitsgestaltung und Qualifizierungspolitik beim Vorstand der IG Metall.

Klaus Pickshaus ist nach langjähriger Tätigkeit beim Vorstand der IG Metall als freier Autor und Publizist tätig.

Dr. Jürgen Reusch war viele Jahre verantwortlicher Redakteur der Zeitschrift Gute Arbeit und ist Autor zu Arbeitsschutzthemen.

Prof. Dr. Dieter Sauer ist Sozialforscher beim Institut für Sozialwissenschaftliche Forschung (ISF) in München.

Dr. Johanna Sittel ist wissenschaftliche Mitarbeiterin an der Friedrich-Schiller-Universität Jena.

Dr. Ursula Stöger ist Soziologin und Gewerkschafterin mit den Forschungsthemen Rechtspopulismus, Dienstleistungsarbeit, Arbeitsgestaltung, Arbeitszeit.

Prof. Dr. Hans-Jürgen Urban ist geschäftsführendes Vorstandsmitglied der IG Metall und Honorarprofessor für Soziologie an der Friedrich-Schiller-Universität Jena.

Dr. Hilde Wagner ist Arbeitssoziologin und ehemalige Ressortleiterin in den Bereichen Tarif- und Betriebspolitik beim Vorstand der IG Metall.

Hans-Jürgen Urban (Hrsg.)

Gute Arbeit gegen Rechts

Arbeitspolitik: Theorie, Praxis, Strategie
Ausgabe 2024

VSA: Verlag Hamburg

www.vsa-verlag.de

Redaktion: Dirk Neumann, Klaus Pickshaus, Jürgen Reusch
Abbildungen: Frank Walensky-Schweppe

Umschlagabbildung: Ausschnitt aus »Reactivity Grid III-2022«
von Alex Markwith, einem Künstler aus New York City
(Foto: Harald Heck auf der NordArt 2023)
Druck- und Buchbindearbeiten: CPI books GmbH, Leck
ISBN 978-3-96488-225-7

Inhalt

Geleitwort

Gemeinsam mit unseren Aktiven im Betrieb streiten wir jeden Tag für gute Arbeit. Der Austausch über praktische Erfahrungen und strategische Handlungsoptionen ist dabei besonders wichtig. Indem wir voneinander lernen, entwickeln wir uns als Gewerkschaftsbewegung weiter.

Mit der Buchreihe »Arbeitspolitik: Theorie, Praxis, Strategie« bietet sich ab sofort ein neues Forum für Diskussionen und Impulse rund um eine gerechte und zukunftsfähige Arbeitswelt. Zugleich kann das Buch eine Lücke schließen, die mit dem Auslaufen der Jahrbücher »Gute Arbeit« im Jahr 2023 hinterlassen wurde. Betriebliche Praktiker*innen sowie Vertreter*innen aus Gewerkschaft und Wissenschaft geben zu jeweils einem Schwerpunktthema einen Überblick über aktuelle Debatten und durchaus auch kontroverse Positionen.

Die erste Ausgabe widmet sich in diesem Sinne der hochaktuellen Frage, wie man dem aktuellen Rechtsruck in unserer Gesellschaft im Betrieb begegnen kann. Für mich steht fest: Wer die Demokratie stärken will, muss den Beschäftigten Sicherheit im Wandel bieten. Mehr Mitbestimmung und Beteiligung ist das Gebot der Stunde.

Dem Buchprojekt wünsche ich entsprechend viel Erfolg und allen Leser*innen eine spannende und informative Lektüre.

Christiane Benner
Erste Vorsitzende der IG Metall

Vorwort zur ersten Ausgabe

Die Welt befindet sich im Umbruch. Krisen dominieren das Weltgeschehen; im globalen Süden, aber auch in den Zentren des kapitalistischen Nordens. Diese Krisen treffen die Wirtschaft, die sozialen Lebensbedingungen der Menschen und die Natur. Der schwedische Sozialforscher Göran Therborn spricht von »aggressiven Weltverhältnissen«, die durch die drohende Klimakatastrophe, abgrundtiefe wirtschaftliche Ungleichheiten und eine neue imperiale Geopolitik mächtiger Akteure hervorgerufen werden.

Diese Megatrends prägen auf unterschiedlichen Wegen auch die Arbeitswelt. Die geopolitischen Konflikte – Stichworte sind Ukraine-Krieg oder der China-Taiwan-Konflikt – nehmen Einfluss auf Rohstoffbeschaffung, Energiepreise und Lieferketten und halten uns die Anfälligkeit der kapitalistischen Hyper-Globalisierung vor Augen. Die unabweisliche De-Karbonisierung unserer Produktions- und Lebensweise verlangt radikale Veränderungen bei Produktionsverfahren, Produkten und Konsum, die, werden sie Märkten und Unternehmensvorständen überlassen, Arbeitsplätze, Einkommen und Qualifikationen der Beschäftigten gefährden können. Schließlich stehen auch Gewerkschaften und betriebliche Akteur*innen vor der Frage, wie Wertschöpfungszuwächse, wo sie ökologisch verträglich sind, verteilt werden sollten, um sozialen Spaltungsdynamiken und Verteilungskonflikten zwischen Weltregionen und Konzern-Standorten entgegenzuwirken. Nimmt man die weitreichenden Veränderungen von Arbeit, Produktion sowie Konkurrenz- und Kundenbeziehungen infolge der Digitalisierung hinzu, werden die Dimensionen der Herausforderungen noch deutlicher.

Zu fragen ist: Wie kann verhindert werden, dass die aggressiven Weltverhältnisse im Zeitalter der Transformationen in aggressive Betriebsverhältnisse umschlagen? Wie können Beschäftigte und Gewerkschaften zu Subjekten der Veränderungen werden, wie können sie die Interessen der abhängigen Arbeit in die Veränderungsprozesse einbringen? Und wie können sie im vordemokratischen Politikfeld Betrieb Einflusskanäle auf das Was, das Wie und das Wofür der Produktion öffnen und nutzen?

Um sich diesen und anderen Fragen der Arbeitswelt zu stellen, starten wir die Buchreihe »Arbeitspolitik: Praxis, Theorie, Strategie«. Der vorliegende Band ist der erste der Reihe, weitere sollen folgen. Die Reihe setzt die Beschäftigung mit Themen rund um die »Gute Arbeit« fort, die wir im »Jahrbuch Gute Arbeit«, das im Bund-Verlag erschien und gemeinsam mit Kolleg*innen der ver.di verfasst wurde, über mehr als ein Jahrzehnt praktiziert haben. Wir werden aktuelle und grundsätzliche, auf jeden Fall strategisch bedeutsame Fragen gewerkschaftlicher Arbeitspolitik aufgreifen und diskutieren. Dabei wollen wir ein Forum für Akteure aus unterschiedlichen gesellschaftlichen Feldern bieten: aus Gewerkschaften, Wissenschaft, betrieblicher Praxis und anderen Bereichen.

Sie zusammenzubringen, wird ein Ziel der einzelnen Bände sein. Wir erwarten wissenschaftlich informierte sowie pointiert und verständlich verfasste Beiträge; zugleich werben wir um Berichte aus der betrieblichen und gewerkschaftlichen Praxis. Ergänzt werden die Debattenbeiträge durch Daten und Fakten rund um das jeweilige Schwerpunktthema.

Auch in diesem Projekt kann ich mit Kollegen kooperieren, die bereits das Erfolgsprojekt der »Jahrbücher Gute Arbeit« mitgeprägt haben. Dirk Neumann, Klaus Pickshaus und Jürgen Reusch werden als *Redaktions-Team* auch an der neuen Buchreihe mitarbeiten. In bewährter Art werden wir gemeinsam über Themen, Autor*innen und Schwerpunkte der Einzelbände diskutieren und sie in Buchprojekte umsetzen.

Ich freue mich auf die gemeinsame Arbeit. Zugleich hoffe ich, dass unser Angebot von Analysen, Debatten und Politik auf Interesse stößt. Sollte unserer Reihe »Arbeitspolitik: Theorie, Praxis, Strategie« einen kleinen Beitrag zum Kampf für Gute Arbeit in den Betrieben leisten können, wäre unser Ziel erreicht.

Hans-Jürgen Urban
Frankfurt a.M., Juni 2024

Hans-Jürgen Urban

Demokratiepolitik im Betrieb

Perspektiven einer demokratischeren Arbeitswelt

Einleitung

Jenseits schwankender Ergebnisse bei den Wahlen zum Europäischen Parlament, zu Land- und Kreistagen sowie zu Landesparlamenten muss konstatiert werden: Rechtspopulismus und menschenfeindlicher Autoritarismus haben sich in Gesellschaft und staatlichen Institutionen festgesetzt. Die Sonntagsfragen (Juni 2024) zur Bundestagswahl 2025 sehen die AfD je nach Meinungsumfrageinstitut bei 14 bis 19%.[1] Das wäre im Vergleich zur Bundestagswahl 2021 ein Zugewinn von bis 9 Prozentpunkten (2021: 10,3%). Die weitere Durchschlagskraft der parteipolitischen Rechten hängt maßgeblich vom Verhalten der anderen Parteien ab. Auch hier sind Befürchtungen leider nicht grundlos. Auf europäischer Ebene hielt sich die amtierende Präsidentin der Europäischen Kommission, Ursula von der Leyen, bereits vor der Europawahl aus Machterhaltungsgründen die Kooperation mit Parteien der europäischen Rechten offen. Und Lokalpolitiker der CDU lassen sich zu Aussagen hinreißen, dass eine Zusammenarbeit mit der AfD nicht ausgeschlossen sein sollte, wenn man politisch etwas für die eigenen Ziele erreichen könne. Wenn die parteipolitische Brandmauer nach den kommenden Wahlen stehen soll, müssen die Instandhaltungsarbeiten massiv ausgeweitet werden.

Doch damit nicht genug. Der Resonanzraum rechter Erzählungen reicht bis in die gesellschaftliche Mitte hinein. Bei Wahlen geben sich nur die zu erkennen, die an der Wahlurne bereits Schlussfolgerungen aus ihrer Gesinnung gezogen haben. Schwerer abzuschätzen ist der Anteil derjenigen, die ihre reaktionären Weltdeutungen noch in Reserve halten, gleichwohl aktivierbar sind. Und schließlich: rechtsradikale bis faschistoide Deutungsmuster sind auch in Organisationen und Bewegungen präsent, die sich in ihrem Selbstverständnis geradezu auf der gegenüberliegenden Seite des politischen Spektrums verorten. Auch die

[1] Vgl.: Wahlumfragen zur Bundestagswahl – Sonntagsfrage (Wahlumfrage, Umfragen) (wahlrecht.de) (Zugriff 3.6.2024).

Gewerkschaften sind betroffen. Rechte Einstellungen und Wahlvoten finden sich auch unter organisierten Beschäftigten. In diese Richtung weisen auch Befunde einer Studie des gewerkschaftsnahen Wirtschafts- und Sozialwissenschaftlichen Instituts (WSI) der Hans-Böckler-Stiftung (HBS) vom November 2023 zu Einstellungen von AfD-wählenden Erwerbspersonen (Hövermann 2023). Schlechtere Arbeitsbedingungen, fehlende Anerkennung, ein geringes Vertrauen in Institutionen sowie ein im Vergleich zu Wähler*innen anderer Parteien subjektiv hoch empfundenes Sorgen- und Belastungslevel zeichnen sie aus. Die Studie ist jedoch kein Beleg für eine isolierte, oder gar entschuldigende »soziale Sorgen«-Erklärung. Viele der Befragten zeigten fremdenfeindliche Positionen. Eine Beschränkung von Zuwanderung hat für sie Priorität. Interessant sind die Ergebnisse zu Neuwählenden oder potenziell Neuwählenden der AfD. Diese sind weiblicher als die Stammwählerschaft, verfügen tendenziell über höhere Bildungsabschlüsse und Einkommen und sehen in der Bekämpfung des Klimawandels eine hohe Relevanz. Deutlich wird, dass rechte Gesinnungen und Präferenzen in die Gesellschaft hinein diffundieren. Im Gegensatz zu Stammwählenden haben sie ein deutlich geringeres Vertrauen in die AfD. Hier scheint der Wahlentscheidung eine hohe Protestkomponente zugrunde zu liegen. Das taugt aus demokratischer Perspektive nicht als Rechtfertigung oder gar Entschuldigung, aber vielleicht als Ansatzpunkt einer Gegenstrategie. Doch dazu später mehr.

Polykrise und soziale Verwerfungen

Die Analyse der Rahmenbedingungen einer demokratiestabilisierenden Politik greift ohne Blick auf die Spezifik der gegenwärtigen Epoche zu kurz. Der globale Kapitalismus befindet sich in einer krisenhaften Umbruchperiode. Die Stichworte sind bekannt: Machtpolitische Friktionen und Krieg im globalen System, Ukraine-Krieg, Terror und Gegenterror im Nahen Osten, Corona-Krise, reißende Liefer- und Wertschöpfungsketten und vieles mehr. Der Sozialhistoriker Adam Tooze hat diese Konstellation als Polykrise auf den Begriff gebracht. »Eine Polykrise lässt sich definieren als eine Situation, in der das Ganze gefährlicher ist als die Summe seiner Teile. Oder anders gesagt: Die einzelnen

Krisen existieren nicht einfach nebeneinander, sondern beeinflussen sich gegenseitig. Sie sind über vielfältige Wirkungskanäle miteinander verbunden.« (Tooze 2022)

Bei dieser Polykrise handelt es sich nicht um eine »normale« kleine (also konjunkturelle) oder große (also strukturelle) Krise des Kapitalismus. Es handelt sich um eine »fundamentale« Krise.[2] Das Wachstum in der Prosperitäts-Periode des nördlichen Kapitalismus beruhte auf fossilen Energieträgern. Doch dieses fossile Wachstum stößt vor allem aus ökologischen Gründen an seine Grenzen. Sein CO_2-Ausstoß überfordert die Natur. Daher die Dringlichkeit der Dekarbonisierung der kapitalistischen Produktions- und Lebensweise. Es geht um die Erneuerung des energetischen Fundaments durch regenerative Energien. Das Ende des fossilen Entwicklungsmodells und der friktionsreiche Übergang in ein neues Modell steht im Zentrum der Polykrise. Doch die erforderliche Transformation muss sich in einem Kontext vollziehen, den Tooze zu Recht als Geflecht wechselseitiger Abhängigkeiten beschreibt. Konkreter: Die Dekarbonisierung der Produktions- und Lebensweise muss vor allem in den Stätten der Produktion, in den Betrieben, stattfinden. Dort ist sie mit der Zuspitzung der sozialen Risiken für die abhängig Arbeitenden verbunden. Beschäftigung, Einkommen und berufliche Perspektiven geraten unter Druck. Damit gerät auch der erarbeitete soziale Status in Gefahr. Wo Beschäftigung, materielle Rechte und Sozialstatus unter Beschuss stehen, wachsen Abstiegsängste, Wut und Vorbehalte gegenüber dem politischen System, das für die Zumutungen verantwortlich gemacht wird. In einem Klima aus Angst, Wut und Ablehnung von Demokratie und seinen Funktionseliten gedeihen Sündenbock-Erzählungen und autoritäre Politikangebote gut. Gesellschaftskritische Analysen, solidarische Krisenlösungen und demokratische Gegenwehr haben es hingegen schwer. Fortschritte bei der ökologischen Transformation erzeugen Rückschritte für die Demokratie. Das meint Interdependenz in der Polykrise. Diese wechselseitigen Abhängigkeiten prägen den Kontext der Politik gegen rechts. Das macht die Sache nicht einfacher. Bisher wirken die diversen Krisen-Dynamiken als Energiezufuhr für anti-demokratische Kräfte.

---

[2] Zu dieser Unterscheidung zwischen kleiner, großer und fundamentaler Krise des Kapitalismus vgl. Urban/Hebel 2023: 57ff.

Meinungsfreiheit in Gesellschaft und Medien

Dass der Kampf gegen rechts in allen Sphären der Gesellschaft stattfinden muss, dürfte unstrittig sein. Doch je nach Ort unterscheiden sich die Kampfbedingungen. In den Institutionen, Bewegungen und Organisationen der Zivilgesellschaft gilt die grundgesetzlich geschützte Meinungs- und Redefreiheit. Das schützt nicht selten rechtspopulistische bis faschistoide Aussagen, bietet aber auch dem Antifaschismus zunächst einmal ein freies Feld der Gegenwehr. Zugleich kommt der Bevölkerung das Recht und die Macht zu, die Staatsorgane zu bestimmen. In Artikel 38 des Grundgesetzes der Bundesrepublik Deutschland heißt es: »Die Abgeordneten des Deutschen Bundestages werden in allgemeiner, unmittelbarer, freier, gleicher und geheimer Wahl gewählt.« Meinungen und Wahlverhalten der Bevölkerung sind hart umkämpft, und diese Wahlkämpfe sind nicht frei von Populismus und mitunter auch von Manipulationsversuchen. Aber: »Alle Staatsgewalt geht vom Volke aus«, heißt es in Art. 20, Abs. 2 des Grundgesetzes. Demokratie bedeutet Volksherrschaft, zumindest der Idee und dem Geist des Grundgesetzes nach. Das Volk, der Demos, herrscht.

Ähnlich die Situation in den traditionalen Medien, also in Printmedien, im Rundfunk und im Fernsehen etc. Sie sind politisch vermachtet, Konzerne haben großen Einfluss und sie stehen unter hohem Ökonomisierungsdruck. Doch formal herrscht die Freiheit des Wortes und der Rede. In den sogenannten Rundfunkräten soll die Aufsicht über die Einhaltung des gesetzlichen Sendeauftrags geführt werden. Nach diesem haben die öffentlich-rechtlichen Sendeanstalten den Auftrag, »als Medium und Faktor des Prozesses freier individueller und öffentlicher Meinungsbildung zu wirken und dadurch die demokratischen, sozialen und kulturellen Bedürfnisse der Gesellschaft zu erfüllen.«[3] Auch dieser Auftrag wird mitunter durch parteipolitische Einflussnahme gestört, weiß sich aber grundsätzlich den Prinzipien der Meinungsfreiheit und Demokratie verpflichtet. Schließlich die sogenannten Social Media. Sie sind noch ungebundener. In ihnen entfaltet sich oft eine überschie-

---

[3] So Paragraf 11 Rundfunkstaatsvertrag (RStV) in der Fassung des zwölften Rundfunkänderungsstaatsvertrags; www.urheberrecht.org/law/normen/rstv/RStV-12/text/2009_02.php (Zugriff 20.5.2024).

ßende egozentrische Meinungsfreiheit. Meinungs- und andere Äußerungen werden ohne Rücksicht auf Verluste und oder Schäden in den Persönlichkeitsrechten Anderer gesendet. Sie sind zu Orten aggressiver Meinungsbekundungen, emotionaler Ausfälle und persönlicher Angriffe geworden. Von unterdrückter Meinungsfreiheit kann auf jeden Fall kaum die Rede sein. Bisher haben auch rechte antidemokratische Botschaften weitgehend freie Fahrt.

Der Betrieb – Kampf um Demokratie in einem vordemokratischen Raum

Und wie sieht es im kapitalistischen Betrieb aus? Hier unterscheiden sich die Bedingungen im Kampf gegen rechts von denen der Gesellschaft und der Medien. Eine Beobachtung in einer brillanten Analyse des Übergangs vom fordistischen Wohlfahrtsstaats- zum heutigen Kapitalismus in den 1980er-Jahren legt eine wichtige Spur. Die Autoren interessierte die Frage, warum die Impulse, die die damaligen neuen sozialen Bewegungen trugen (z.B. neue Umwelt-, Frauen-, Friedensbewegungen), sich nicht in den Betrieben, sondern in der Gesellschaft, also »außerhalb des betrieblichen Herrschaftsbereichs« entfalteten. Ein wichtiger Grund sei, so ihre Antwort, »dass die politischen Artikulations- und Handlungschancen in der Produktionssphäre herrschaftlich beschnitten und sanktionsträchtig begrenzt sind« und dort »die Artikulationskanäle der bürgerlichen Freiheitsrechte« sowie »das Medium der politischen Öffentlichkeit« fehlten. (Hirsch/Roth 1986: 208f.) Die hier ins Gespräch gebrachten Herrschafts- und Freiheitsrechte markieren eine wichtige Differenz zwischen der kapitalistischen Betriebswelt und der bürgerlichen Gesellschaft und ihren Medien. Diese Differenz ist auch für den Kampf gegen rechts relevant. Einige Anmerkungen dazu.

Autoritäres Regieren im Betrieb

Im kapitalistischen Betrieb herrschen vordemokratische Verhältnisse. Das gilt vor allem für die Berechtigung der Belegschaften, die eigenen Dinge frei und direkt bestimmen zu können. Sie existiert nicht. Besitz-, Macht- und Anweisungsstrukturen gleichen eher einem institutionellen Absolutismus als einer modernen Demokratie. Die Freiheits- und

Herrschaftsrechte, die Menschen außerhalb der kapitalistischen Arbeitswelt haben, sucht man im Betrieb vergebens. Hier herrscht nicht »das Volk«. Die Eigentümer der Produktionsmittel und die von ihnen beauftragten Manager und Vorstände haben das Sagen. Diese Strukturen wurden auch als autoritäre private Regierung charakterisiert. Mit Blick auf die Binnenstruktur US-amerikanischer Konzerne stellt Elizabeth Anderson in einem viel beachteten Buch fest: »Es ist eine Form von *Regierung*, in der die Chefs die Arbeiter regieren. Die meisten Regierungen der Betriebe [...] sind Diktaturen, in denen Bosse auf eine Art und Weise regieren, die den Regierten im Großen und Ganzen keine Rechenschaft schuldet. Sie regieren die Arbeiter nicht bloß, sie *beherrschen* sie.« (Anderson 2019: 29f.; Herv. i. O.) Regieren ohne Rechenschaftspflicht und ohne Pflicht, die Regierten in die Entscheidungen einzubeziehen, mache die Arbeitgeber letztlich zu privaten »autoritäre(n) Herrscher(n)«. (Ebd: 94)

Heute agieren vielfach nicht Einzelpersonen, sondern Vorstände oder Geschäftsführungen als Arbeitgeber. Doch das ändert nichts an den vordemokratischen Zuständen im Betrieb. Klaus Dörre u.a. betonen in ihrem Modell der sechs Erwerbsklassen die nahezu uneingeschränkte Macht einer sehr kleinen sozialen Schicht, die sich vor allem aus dem Eigentum an den Produktionsmitteln (sowie aus der Kontrollmacht über Personen und der Verfügung über die sozialen Rechte der Beschäftigten) ableitet. Sie unterscheiden die Herrschende Klasse, die Selbstständige und die Lohnabhängige Mittelklasse, die Neue und die Konventionelle Arbeiterklasse sowie die Unterklasse und ausschließlich geringfügig Erwerbstätige, und sie stellen fest: »Strategische Entscheidungen über die Geschäftsmodelle von größeren Unternehmen werden ausschließlich von einer Oberschicht innerhalb der Herrschenden Klasse [...] und damit von einer winzigen gesellschaftlichen Minderheit verantwortet.« Alle anderen »sind von strategisch weitreichenden Entscheidungen ausgeschlossen.« (Dörre u.a. 2023/2024: 13) Dörre u.a. betonen zugleich eine Konsequenz der autoritären Herrschaft im kapitalistischen Betrieb. Denn diese kleine Oberschicht dominiert nicht nur die Arbeitsbedingungen der Beschäftigten. Sie trifft auch die Entscheidungen über das Was, also die Gegenstände der Produktion. In einer Analyse von Betrieben der Automobilindustrie stellen sie fest. »Eigentumsbasierte Entscheidungsmacht prägt nicht nur Ausbeutungs- und Herrschaftsbeziehungen, sie beeinflusst auch die stoffliche Beschaffenheit von Produkten und Produktionsverfahren.« (Ebd.: 15) Und diese Entscheidungsmacht über Produkte, Produktionsverfahren sowie über die dazu notwendigen Investitionsentscheidungen und Marktstrategien ist mit Blick auf Dekarbonisierung und Transformation die Schlüsselressource.

Betriebliche und Unternehmensmitbestimmung und Modelle der Beteiligung am Arbeitsplatz wirken diesem Autoritarismus entgegen. Werden sie offensiv ausgelegt und konfliktbereit gelebt, bringt die Mitbestimmung ein Stück Anti-Autoritarismus in die Arbeitswelt. Hier haben die Gewerkschaften in Deutschland aus historischer Perspektive Ansehnliches vorzuweisen, auch wenn die Tendenz zu Betrieben ohne Betriebsräte und Tarifbindung unübersehbar ist. (Hohendanner/Kohaut 2024) Historische Erfolge können auch bei Einkommen, Kündigungsschutz usw. (Bedingungen des Verkaufs der Arbeitskraft) sowie den allgemeinen Arbeitsbedingungen, dem Arbeits- und Gesundheitsschutz usw. (Bedingungen der Verausgabung der Arbeitskraft) festgestellt werden, auch wenn Reallöhne und insbesondere die psychische Gesundheit der Beschäftigten zunehmend unter Druck geraten (Urban 2019). Doch mit Blick auf eine echte Demokratisierung des kapitalistischen Betriebes sind die Erfolge eher gering. Auch in mitbestimmten Betrieben haben die Belegschaften nicht die Macht, die der Bevölkerung in einer direkten oder parlamentarischen Demokratie zukommt. Entscheidungen über das Was, Wie und Wofür der Produktion bleiben ihnen vorenthalten. Einen Artikel oder Paragraf »Alle Betriebsmacht geht von der Belegschaft aus« sucht man in der Betriebs- und Unternehmensverfassung vergeblich. Kein Demos, keine Demokratie. Das macht den Kampf gegen rechts nicht überflüssig. Aber es legt eine Schlussfolgerung nahe: Im vordemokratischen Raum um Demokratie zu kämpfen muss mehr sein als Kampf gegen den menschenfeindlichen Autoritarismus der Rechten.

Betrieblicher Despotismus und das »ängstliche Auge des Kapitalisten«

Das ist leichter gesagt als getan. Die Politische Ökonomie und die kritische Arbeitssoziologie haben eine strukturelle Tendenz zum Autoritären im kapitalistischen Betrieb herausgearbeitet. Die Anweisungs- und Gehorsamsbeziehungen im kapitalistischen Betrieb, die auch in krisenfreien Zeiten die Architektur der Aufbau- und Ablauforganisation bestimmen, sind *strukturell* autoritär und nicht demokratisch. Diese autoritäre Grundstruktur gehört gleichsam zur betrieblichen Normalität. Der Kapitalist sichert sich durch seine Dominanz über den Beschäftigten das Recht, dass die eingekaufte Arbeitskraft auch tatsächlich, und zwar nachhaltig und nicht nur sporadisch, in verausgabte Arbeit umgewandelt wird. Er hat über den Arbeitsvertrag die Arbeitskraft des Beschäftigten gekauft, aber erst durch die Anwendung der Arbeitskraft werden Produkte oder Dienstleistungen erstellt; erst so entsteht der Überschuss über die Kosten der Arbeitskraft, aus der dann der Profit werden kann.

Dass der »Arbeiter auch arbeitet« (gleiches gilt natürlich für alle anderen Geschlechter), kann durch Befehle, durch finanzielle Anreize, durch arbeitsinhaltliche Motivationen, durch direkte oder indirekte Kontrolle oder wie auch immer veranlasst werden. Aber aus Sicht des Kapitalisten bleibt ein Rest an Unsicherheit. Deshalb vollzieht sich dieser Prozess stets, so Karl Marx in seiner Analyse des kapitalistischen Produktionsprozesses, »unter dem ängstlichen Auge des Kapitalisten«. (MEW 23: 199) Da sichergestellt werden muss, dass die Transformation der Arbeitskraft in Arbeitsleistung auch in der gewünschten Weise geschieht, sei die »kapitalistische Leitung« von Arbeitsorganisation und Kooperation im Betrieb »der Form nach despotisch«. (MEW 23: 351) Despotismus statt Demokratie als Strukturmerkmal des kapitalistischen Unternehmens, so lautet die Kurzformel dieser Analyse.

Kapitalismus als Gefahr für die Demokratie

Es gehört daher zur historischen Kernaufgabe der Gewerkschaften, diesen Despotismus durch Mitbestimmung und Partizipation nachhaltig zu zivilisieren. Doch diese Zivilisierung bleibt fragil, denn sie steht im Spannungsverhältnis zum eigentlichen Zweck der Produktion. Im Betrieb stehen nicht der Kampf um mehr Einfluss der Belegschaften oder gegen autoritäre oder faschistische Einstellungen, sondern die möglichst maximale Verwertung des Kapitals im Zentrum des Geschehens. Dieser ökonomische Imperativ dominiert Zwänge, Regeln und Ziele derer, die die Führung des Betriebs innehaben. Auch die gesellschaftlichen und politischen Verhältnisse sollen so ausfallen, dass sie diesem Verwertungsimperativ dienlich sind. Ist das nicht der Fall, wird politischer Druck in diese Richtung erzeugt und werden so orientierte politische Kräfte unterstützt. Das hat in der Vergangenheit mitunter katastrophale Folgen gezeitigt. Um Rentabilität, Eigentumsverhältnisse und betriebliche Hierarchien auch in zugespitzten Krisen zu sichern oder um die politischen Rahmenbedingungen stärker auf die jeweils aktuellen Profitbedürfnisse auszurichten, haben sich Kapitaleigentümer*innen, Manager*innen oder Lobbyverbände nicht selten als Unterstützer*innen autoritärer Kräfte betätigt, mitunter gar als Steigbügelhalter des Faschismus. Die Rolle der Wirtschaft bei der Machtübernahme des Hitler-Faschismus im Deutschland der 1930er-Jahre mag als Beleg genügen. Gegenwärtig (Juni 2024) scheint der erzreaktionäre US-amerikanische Präsidentschaftskandidat der Republikaner, Donald Trump, davon zu profitieren. »Sowohl an der Wall Street als auch im Silicon Valley macht sich Unterstützung für Trump breit. Immer mehr Vertreter der Finanz- und der Technologiebranche schlagen sich öffentlich auf seine Seite.« (Lindner 2024) Eines der Ärgernisse und ein Grund für die Unterstützung Trumps seien Pläne des amtierenden Präsidenten Joe Biden für eine Mindeststeuer für Superreiche und höhere Kapitalertragssteuern.

Dass sich die Demokratie keineswegs immer auf die Wirtschaft verlassen kann, mag auch in der demokratiefeindlichen Haltung vieler dieser Wirtschaftsführer begründet liegen. Aber es hatte und hat vor allem systemische Ursachen. Kapitalistisches Wirtschaften und demokratisches Regieren werden von unterschiedlichen Logiken angetrieben, die fast zwangsläufig in Konflikt geraten. Da sich die Wirtschaft aufgrund ihrer Funktionsweise immer wieder in kleine und große Krisen hineinmanövriert; und da sich vor allem die großen Krisen, die das System insgesamt gefährden können, in der Regel zu Krisen von Politik und politischer Regulation auswachsen, ist der Weg in die Krise der Demokratie sehr kurz. Wenn dann Wachstumsraten und Steuereinnahmen zurückgehen, die sozialen Gräben tiefer und die Klassenkonflikte härter werden; wenn die Politik sich immer erfolgloser an den wirtschaftlichen und sozialen Problemen abarbeitet; und wenn Kräfte an Zuspruch gewinnen, die Zukunftsängste von Menschen in gruppenbezogene Menschenverachtung umlenken und über autoritäre Politikstile Verteilungskonflikte und Proteste beenden wollen – spätestens dann ist Demokratiealarm angesagt. Und das kommt immer wieder vor, denn Krisen gehören zur kapitalistischen Natur. Kapitalismus und Demokratie stehen einander nicht zufällig, sondern aus systemischen Gründen gegnerisch gegenüber.

Eingreifende Demokratiepolitik in Betrieb und Wirtschaft

Parlamente, Gesellschaft, Medien und Betrieb sind also mit Blick auf die Bekämpfung demokratiefeindlicher Kräfte unterschiedliche Orte. Die Kampfbedingungen unterscheiden sich, doch alle dürften für eine koordinierte Politik gegen rechts ihre Bedeutungen und Wertigkeiten haben. Für die Gewerkschaften sind die vordemokratisch strukturierten Räume der Betriebe von besonderer Bedeutung. Um Missverständnissen vorzubeugen: Natürlich gibt es auch Unternehmer*innen, Vorstände, Geschäftsführer*innen, die sich zu Demokratie und Vielfalt sowie gegen Fremdenfeindlichkeit und rechten Autoritarismus bekennen. Mitunter wurden gemeinsame Erklärungen von Vorständen, Betriebsräten und Gewerkschaften gegen die AfD und für demokratischen Pluralismus verfasst. Der Verweis auf vordemokratische Strukturen im kapitalistischen Betrieb zielt auf Strukturen, nicht auf Einzelpersönlichkeiten. Er verteilt keine Moralurteile, sondern macht darauf aufmerksam, dass die umfängliche Nutzung der betriebsverfassungsrechtlichen Möglichkeiten gegen rechts durch das Nadelöhr der Arbeitgeberzustimmung hindurchmuss.[4] Ansonsten werden sie behindert oder infrage gestellt. Ein Unterschied zur außerbetrieblichen Welt, der von Relevanz ist und der auch die Grenzen gemeinsamer Aktivitäten mit Unternehmensführungen sichtbar werden lässt. Zugleich legt er nahe, dass es mit der Abwehr rechter Umtriebe nicht getan ist, sondern dass eine Art demokratischer Vorwärtsverteidigung auf die Tagesordnung zu setzen ist, die auch die autoritären Betriebsstrukturen attackiert und demokratisiert.

Soziale Prävention gegen rechts

Den Gewerkschaften kommt in allen diesen Feldern eine allgemeine, in einigen eine besondere Verantwortung zu. Ihre besondere Zuständigkeit liegt vor allem in den gesellschaftlichen Bereichen, die sich rund um die Arbeit gruppieren. Zu diesen gehören nicht nur die Betriebe.[5]

---

[4] Zu diesen Möglichkeiten siehe den Beitrag von Ernesto Klengel in diesem Band.

[5] Hier wäre es gewinnbringend, sich noch einmal die Aufgabenbestimmung von Gewerkschaften im Kapitalismus des Marburger Staatsrechtlers, Sozialhistorikers und Politikwissenschaftlichers Wolfgang Abendroth in Erinnerung

Die Gewerkschaften haben auch vor Wahlen ihre Stimme gegen sozial und politisch reaktionäre und für progressive Kräfte zu erheben. Die Zusammensetzung von Parlamenten und Regierungen ist für sie keineswegs bedeutungslos. Die dort beschlossenen Gesetze und Budgets prägen maßgeblich die Bedingungen gewerkschaftlicher Entwicklung und Politik. Aber ihre primäre Aufgabe, ihre politökonomische Kernfunktion im kapitalistischen Produktions- und Verwertungsprozess, besteht in der Verteidigung und Verbesserung der Arbeits- und Lebensbedingungen derjenigen Gesellschaftsmitglieder, die in Ermangelung von Eigentum, Vermögen oder Privilegien vom Verkauf ihrer Arbeitskraft leben. Den Preis dieser Ware zu verteidigen und zu erhöhen, die Bedingungen ihrer Verausgabung zu humanisieren und zu demokratisieren, die Warenbesitzer*innen auch in der arbeitsfreien Zeit (bei Arbeitslosigkeit, im Alter, bei Krankheit usw.) durch soziale Rechte zu schützen und ihnen ohne soziale Hürden öffentliche Güter im Bereich von Gesundheit, Pflege, Erziehung, Mobilität und Kultur zugänglich zu machen und zu halten – das gehört zu den Kernaufgaben von Gewerkschaften in kapitalistischen Gesellschaften.

Fragt man nach den allgemeinen und besonderen Aufgaben der Gewerkschaften im Kampf gegen rechts, so ließe sich formulieren: Die Gewerkschaften haben als Organisationen der Demokratie eine allgemeine Zuständigkeit für die Stabilisierung und den Ausbau demokratischer Verhältnisse. Besonders gefordert sind sie in den Feldern ihrer primären Zuständigkeit. Dort gilt es, allen sozialen, politischen oder ideologischen Entwicklungen entgegenzutreten, die der AfD und anderen antidemokratischen Kräften Aufschub leisten könnten. Konkrete Gegenwehr

---

zu rufen. Er bestimmte gewerkschaftliche Interessenpolitik in einem umfassenden Sinn als Demokratiepolitik. Das Spezifikum der Abendrothschen Gewerkschaftskonzeption besteht in seinem umfassenden, mehrdimensionalen Demokratieauftrag an die Gewerkschaften, der eng mit seinem Verfassungs- und Demokratieverständnis korrespondiert. In diesem weist er den Gewerkschaften die Rolle eines (oder des) Schlüsselakteurs bei der verfassungsmäßig legitimierten Demokratisierung aller Sphären der Gesellschaft zu. Dabei greifen wirtschaftliche, soziale und politische Demokratiepostulate ineinander und fügen sich zu einem demokratisch-sozialistischen Gesellschaftsentwurf zusammen. Eine Demokratiekonzeption, die auch heute noch für alle Demokratie-Aktivist*innen ein erstaunliches Anregungspotenzial besitzt. (Urban 2006)

gegen akute rechte Agitation ist notwendig. Wo rechte Aktivitäten auftreten, gilt es, zu widersprechen, aufzuklären und andere Lösungen aufzuzeigen. Das ist der Dreiklang demokratischer Gegenwehr. Aber das reicht nicht. Besser, denn im Zeitablauf nachhaltiger, scheint eine Politik der sozialen Prävention. Soziale Absturz- und Abstiegsängste sind oftmals die Grundlage für antihumanistische und demokratiefeindliche Wut, wobei sich Absturz und Abstieg vor allem im Ausmaß der Verluste sozialer Besitzstände unterscheiden. Diese Ängste sind vor allem für abhängig Arbeitende in kapitalistischen Ökonomien durchaus begründet. In Zeiten marktdominierter Transformationen allzumal. Deshalb muss Präventionspolitik gegen rechts immer auch Politik gegen den sozialen Absturz durch Arbeitslosigkeit, Erwerbsunfähigkeit usw. und gegen sozialen Abstieg durch Dequalifizierung, Einkommensverluste usw. sein. Absturz- und Abstiegsängste leiten Wasser auf die Mühlen der Rechten, ihnen vorzubeugen heißt, den Rechten das Wasser abzugraben.

Transformative Industriepolitik und klassenorientierter Sozialschutz

In der gegenwärtigen Transformation ist die Prävention von Absturz- und Abstiegsängsten so wichtig wie schwierig. Drohende Beschäftigungs-, Einkommens- und Statusverluste sind allgegenwärtig, in der Realität wie im Bewusstsein der Bedrohten. Sie verbinden sich mit Zweifeln am Erfolg der industriellen Dekarbonisierung und der Verlässlichkeit der herrschenden Politik. Mehr noch, das Empfinden, dass eigene soziale Interessen weder in den Managementstrategien noch in den herrschenden Politiken außerhalb der Betriebe eine faire Berücksichtigung finden, lässt Skepsis mitunter in aggressive Anti-Haltung gegen die Transformation und ihre Protagonisten umschlagen. Hier entstehen Andockpunkte für den rechten Betriebsaktivismus. »Auflehnung gegen Klimapolitiken, die ökologische Nachhaltigkeit unter Ausblendung sozialer Gerechtigkeit praktizieren, ist ein Einfallstor für das scheinrebellische ›Weiter so‹ der radikalen Rechten.« (Dörre u.a. 2023/2024: 37)

Es hilft wenig, dass schon ein oberflächlicher Blick die rechten Weiter-so-Strategien als inhaltsleere Symbolik einer inszenierten regressiven Bewegung sichtbar werden lässt. (Urban 2018) Das rechte Politikangebot rebelliert keineswegs wirklich gegen Privilegien und Machtstrukturen im Betrieb, es inszeniert eine solche Rebellion lediglich. Vor allem will es die Verhältnisse nicht zum Vorteil aller Belegschaftsteile verbessern, sondern propagiert eine regressive, also in die Vergangenheit gerichtete Zukunft, die durch die rassistischen Zumutungen selbst die im Betrieb ohnehin schwach ausgeprägten Ansätze einer solidarischen Problembewältigung verspielen würde. Deshalb sind die umfassenden Aktivitäten der Gewerkschaften im politischen Raum so wichtig. Der Kampf gegen die in Deutschland immer noch lebendige Austeritäts-Politik, die durch Schuldenbremsen und ähnliches die finanziellen Ressourcen für eine wirtschafts- und sozialpolitische Begleitung der Transformation künstlich verknappt, steht dabei zu Recht im Zentrum.

Unverzichtbar sind finanzielle Ressourcen:

- um die technologischen Umstellungen der Produktionsapparate etwa in der Fahrzeug- und Stahlindustrie zu fördern;
- um durch eine aktive Arbeitsmarkt- und Qualifizierungspolitik Beschäftigungsübergänge (in andere Tätigkeitsfelder, Berufe, Betriebe oder Branchen) zu fördern und den Risiken individueller und kollektiver De-Qualifizierungen vorzubeugen;
- um die neuen Industrien (etwa Wasserstoff- und Recycling-Wirtschaft) aufzubauen und die notwendigen technischen Infrastrukturen (etwa Elektro-Ladesäulen für E-Autos) auszubauen und
- um den Sozialschutz zu universalisieren und durch Erwerbstätigen- und Bürgerversicherungen mehr Sozialschutz für möglichst alle abhängig Arbeitenden, inklusive selbstständig Tätiger, zu garantieren.

Dazu ist eine grundlegende Reform, besser noch die Abschaffung der Schuldenbremse unverzichtbar. Auf etwa 600 Milliarden Euro über einen Zeitraum von zehn Jahren beziffert eine konservative Schätzung den öffentlichen Investitionsbedarf in die Infrastruktur und für die Transformation (Dullien u.a. 2024). Als Felder akuter Investitionsbedarfe werden die kommunale (z.B. Ausbau des ÖPNV) und überregionale (z.B. Ausbau des Schienennetzes) Infrastruktur, der Bildungssektor, der Wohnungsbau sowie der staatliche Anteil an der Dekarbonisierung (Klimaschutz) und kommunale Ausgaben für die Klimaanpassung ausgewiesen. Dabei belief sich ein Investitionsvolumen von 60 Milliarden jährlich auf einen Anteil von etwa 1,4% des jährlichen Bruttoinlandsproduktes (BIP), das für 2024 auf etwa 4.200 Milliarden Euro geschätzt wird. Selbst wenn die Ausgaben über öffentliche Kreditaufnahme finanziert würden, könnte im Zeitablauf mit einer Senkung der öffentlichen Schuldenquote gerechnet werden. (Ebd.: 6f.) Es sind also weniger ökonomische oder fiskalpolitische Fakten, sondern eher ordnungspolitische und ideologische Vorbehalte, die die Verweigerung der gegenwärtigen Regierung gegenüber einer solchen Politik motivieren. Hinter dem Festhalten an der deutschen Schuldenbremse verbirgt sich eine marktdogmatische Wirtschaftsphilosophie, die einen aktiv und regulierend in die Transformation eingreifenden Wirtschaftsstaat ablehnt. (Arbeitsgruppe Alternative Wirtschaftspolitik 2024: 78ff.) Doch ohne eine solche Politik werden weder die Vorgaben des deutschen Klimaschutz-Gesetzes (CO_2-Neutralität Deutschlands bis 2045), noch die Bedingungen für ein sozial und ökologisch nachhaltiges Entwicklungsmodell realisierbar sein. Damit fehlen auch zentrale Voraussetzungen für die Begrenzung der sozialen Risiken der abhängig Arbeitenden in der Transformation. Ein Defizit, dass die Bekämpfung rechter Gegen-Erzählungen gegen die Dekarbonisierung erheblich erschwert.

Zentral für die Akzeptanz der Mobilisierung öffentlicher Gelder für privatwirtschaftliche Anpassungen ist ein Mindestmaß an Klassen- und Verteilungssensibilität. Wenn Ressourcen aus dem öffentlichen Steueraufkommen, das sich zu großen Teilen aus Steuern auf Arbeits-, und mitunter auch auf Sozialeinkommen (Steuern auf gesetzliche Renten) speist, an privatkapitalistische Unternehmen fließen, landen diese schnell in Konzern-Profiten, Vorstands-Boni oder Aktionärs-Dividenden, ohne merkliche Beiträge zu einer gelingenden Transformation zu leisten. Eine ähnliche Fehlentwicklung ließe sich für kreditfinanzierte öffentliche Ausgaben mit Blick auf die Verteilung von *costs* und *benefits* zwischen den Generationen feststellen. Solche verteilungspolitischen Desaster können und müssen durch die sanktionsbewehrte Bindung öffentlicher Zuschüsse an produktive Investitionen und ökonomische, ökologische und soziale Kriterien vermieden werden. Standort- und Beschäftigungszusagen, mit Betriebs- und Aufsichtsräten vereinbarte Transformations-Abkommen, soziale und ökologische Nachhaltigkeitsprüfungen und andere Maßnahmen können dies bewirken.

Maßnahmen dieser Art öffnen auch ein Zeitfenster für mehr Einflussnahme von Beschäftigten, betrieblichen Interessenvertretungen und Gewerkschaften auf die Investitionsentscheidungen der Unternehmen. Mitbestimmung bei der Entwicklung und Fixierung von Transformationsplänen in den Unternehmen ist notwendigerweise mit der Einflussnahme auf die Struktur der neuen Wertschöpfungsketten und die dafür notwendigen Investitionen verbunden. Damit dringt die Mitbestimmung in den Kernbereich privatkapitalistischer Eigentumsrechte vor. Und damit gewinnt die betriebliche Transformationspolitik an Demokratie, um die es ansonsten im Betrieb schlecht gestellt ist. In Summe, so könnte ein Zwischenfazit lauten, geht es um eingreifende Politik, die die Entwicklung in den Betrieben in Richtung sozialer und ökologischer Nachhaltigkeit und mehr Demokratie ausrichtet. (Urban 2019: 183ff.)

Demokratiepolitische Vorwärtsverteidigung im Betrieb

Eine solche Transformationsstrategie bewegt sich an der Schnittstelle von Wirtschaft-, Sozial- und Betriebspolitik. Dem Betrieb kommt als Raum der materiellen Transformation, aber auch als Ort der täglichen Begegnung besondere Bedeutung zu. Die Bewahrung und das tägliche Erlebbarmachen von politischer Teilhabe sowie die Organisation einer inklusiven, alle Beschäftigten einbeziehenden Solidarität sind Kern gewerkschaftlicher Arbeits- und Betriebspolitik. Dabei kann und sollte die integrative und solidaritätsstiftenden Kraft gemeinsamer Arbeits- und Konflikterfahrungen aktiviert werden. Wer gemeinsam die Zumutungen immer höher werdender Arbeitsvorgaben bewältigt; wer gemeinsam Betriebsräte gründet oder gewerkschaftliche Vertrauensleutearbeit organisiert; und wer in betrieblichen oder tariflichen Konfliktrunden oder im Kampf um Arbeitsplätze und Standorte gemeinsam vor dem Betriebstor kämpft, der ist weniger anfällig gegen Spaltungs- und Abwertungspolitiken von rechts. (Urban 2018) So kann »Solidarität als Gegenmachtressource« auch im betrieblichen »Praxisfeld« gegen rechts wirken. (Detje/Sauer 2023: 23)

Im Vorfeld von Vertrauenskörper-, Betriebs- oder Personalratswahlen ist jedoch oftmals Akut-Politik gegen rechts gefragt. Sie muss auf die Bekämpfung rechter Listen orientieren. Bisher sind rechte Gruppierungen bei Betriebsratswahlen nach wie vor eine Randerscheinung. Das kann als Erfolg gewerkschaftlicher Anstrengungen gewertet werden. Es ist keine Selbstverständlichkeit, dass der rechte Einfluss ausgerechnet an dem Ort, an dem sich täglich die sozialen Klassen- und ökologische Transformationskonflikte entzünden, bisher besser in Grenzen gehalten werden konnte als in den politischen Wahlarenen und der Gesellschaft insgesamt. Doch als Orte, an denen eben auch Ungerechtigkeit, Belastung und fehlende Anerkennung täglich erlebbar sind, können

Betriebe zugleich als Katalysatoren für rechte Mobilisierung wirken. Sollen sie nicht zu Schattenreichen rechter Mobilisierungserfolge werden, ist eine demokratiepolitische Aktivierung in den Betrieben mindestens so wichtig wie an anderen Orten der Gesellschaft.

Im Organisationsbereich der IG Metall ist diese Aufgabe seit Jahren akut. Es ging um die Bekämpfung der sich langsam, aber sicher ausbreitenden institutionellen Zentren rechtsradikaler bis faschistischer Kräfte. Zu nennen ist hier etwa das sogenannte »Zentrum«, ein rechtsextremer Verein, der als Zentrum Automobil 2009 in Baden-Württemberg gegründet wurde und seitdem bundesweit bei Betriebsratswahlen vornehmlich großer Werke der Automobilindustrie angetreten war. Zwar konnten bei vergangenen Wahlen vereinzelt Mandate in großen Werken gewonnen werden, von einem Abbild der AfD-Wahlerfolge in den Parlamenten sind Zentrum und andere rechte Listenvereinigungen jedoch weit entfernt. Gegenwärtig öffnet sich der Verein auch für andere Branchen, und versucht, etwa auch im sozialen und Gesundheitsbereich Fuß zu fassen. Zugleich hat sich die Kooperation rechter Betriebsaktivisten mit der AfD verstetigt und verstärkt. Zunehmend wirkt die Partei als Verstärker und Multiplikator des Zentrums im außerbetrieblichen Raum.

Zur Eindämmung rechter Kräfte im Betrieb sind überzeugte Kolleg*innen, die täglich für konsequenten Antifaschismus, Antirassismus und solidarische Problemlösungen einstehen, unverzichtbar. Etwa in den Betriebsräten. Den Betriebsräten stehen in der Betriebsverfassung einige Werkzeuge zur Verfügung, Maßnahmen gegen Rassismus und Fremdenfeindlichkeit zu fördern. Diese gilt es offensiv zu nutzen.[6] In der IG Metall unterstützt der gewerkschaftsnahe »Verein zur Bewahrung der Demokratie« (VBD) diese Arbeit. Der für diesen Zweck ins Leben gerufene VBD analysiert die Mobilisierung Rechter im Betrieb und in Regionen und erarbeitet mit gewerkschaftlich Aktiven vor Ort Aktivitäten, wie eine gewerkschaftliche Praxis rechter De-Mobilisierung im Betrieb aussehen kann. Dabei ist der Vereinsname etwas irritierend. Wenn die Vereins-Aktivist*innen betriebliche Kämpfe gegen rechte Betriebsratslisten und Gesinnungen unterstützen, ist das zu begrüßen und zu unterstützen. Aber genau genommen soll bewahrt werden, was im Betrieb erst noch erstritten werden müsste: Demokratie.

---

[6] Siehe dazu den Beitrag von Ernesto Klengel in diesem Band.

Gewerkschaftliche Betriebspolitik kann an vielen dieser Punkte ansetzen. Eine solche muss die benannten Faktoren für rechte Affinität wie schlechte Arbeitsbedingungen, fehlende Anerkennung und hohe Belastung als Anknüpfungspunkte einer Politik gegen rechte Bewegung im Betrieb adressieren. Offensichtlich stärker und gezielter als bisher. Die Gefahr ist groß, dass die qualitativen Anforderungen an gute Arbeit, gesundheits- und persönlichkeitsfördernde Arbeitsbedingungen unter dem Druck der Transformation der Sicherung von Beschäftigung und Einkommen zum Opfer fallen. Bei den Vorständen und Geschäftsführungen, aber auch bei Betriebsräten und Gewerkschaften. Doch der Kampf um gute Arbeit und Arbeitsbedingungen, die vorzeitigen Gesundheitsverschleiß verhindern und Kraft für die Einmischung in gesellschaftliche und politische Fragen übrig lassen, hat eine humanisierungs-, aber auch eine demokratiepolitische Dimension. Eine Gesellschaft der körperlichen und psychischen Beeinträchtigungen verliert auch an Kraft im Kampf gegen rechts.

Dabei muss eine Politik gegen rechts dort ansetzen, wo die Ursachen von realer und empfundener Diskriminierung, Abwertung und Kränkung liegen: an der Entmündigung der Beschäftigten durch die Hierarchie- und Herrschaftsverhältnisse im kapitalistischen Betrieb. Wenn Menschen im Arbeitsalltag durch autoritäre Anweisungsstrukturen oder subtile Formen der indirekten Steuerung entmündigt werden, dann blockiert das die Herausbildung demokratischer Verhaltensweisen und Gesinnungen. Und umgekehrt gilt: Wo individuelle Partizipation und kollektive Mitbestimmung Erfolge zeigen und betriebliches Engagement immer wieder Selbstwirksamkeitserfahrungen hervorbringt, wachsen Selbstwertgefühl und die Bereitschaft, sich durch Engagement um die eigenen Dinge zu kümmern. Studien über die Einstellungen von Beschäftigten weisen in diese Richtung: Wahrgenommene Partizipationsmöglichkeiten im Betrieb fördern die Zufriedenheit mit der Demokratie und verringern die Zustimmung zu rechtsextremen und menschenfeindlichen Aussagen. (Kiess u.a. 2023)

Je positiver und erfolgreicher Partizipation und Engagement im Betrieb empfunden werden, desto geringer fällt die Neigung zur Abwertung anderer Menschengruppen oder zur Hinwendung zu rechten Narrativen aus. Auch die Existenz von Betriebsräten ist negativ mit der Präferenz zu Parteien der extremen Rechten und positiv mit der Präferenz zu sozialdemokratischen und Parteien der Linken verbunden. (Jirjahn/Thu Le 2023)

Das sind Zusammenhänge, die es durch offensive Demokratiepolitik innerhalb der Betriebe zu aktivieren gilt. Doch eine offensive Demokratiepolitik darf nicht beim Kampf gegen rechten Autoritarismus stehen bleiben. Sie muss den Schwung demokratischer Mobilisierung von Belegschaften auch gegen den alltäglichen Autoritarismus kapitalistischer Normalität in den Betrieben richten. Denn ohne demokratischere Verhältnisse in den Betrieben bleibt der Kampf gegen rechts fragil. Hier dürften die Grenzen gemeinsamer Aktivitäten mit den Unternehmensvorständen deutlich und andere Koalitionen notwendig werden. Die strategische Arbeit an solchen wirtschaftsdemokratischen Allianzen hat jedoch auch in den gewerkschaftlichen Transformations-Debatten noch nicht den Stellenwert, der ihr zukommen sollte. Daran wäre zu arbeiten.

Eine solidarische Arbeitswelt – (k)ein Medien-Thema?

Bliebe das Thema der Medien. Vor allem die Social Media sind Orte der ungezügelten rechten Propaganda. Allgegenwärtig ist die Klage, dass die AfD dort am stärksten präsent und ihr Einfluss erheblich ist. Aber das ist nur ein Teil des Problems. Insgesamt erfüllen die Medien immer weniger die ihnen oft zugeschriebene Aufgabe einer »vierten demokratischen Gewalt« (neben der Legislative, der Exekutive und der Judikative). Demnach sollen sie eine Art Verbündete von Bürger*innen und Demokratie sein. Sie sollen die Regierung kontrollieren und Regierungshandeln kritisch hinterfragen. Nicht minder wichtig ist die Aufgabe, durch Fakten und Hintergrundberichte zu einer aufgeklärten öffentlichen Meinungsbildung und damit zu einer demokratischen Öffentlichkeit beizutragen, die im besten Fall auch eine Orientierungsfunktion in unübersichtlichen Zeiten bieten kann. Kritische und aufklärerische Medien sind Kernelemente einer demokratischen Öffentlichkeit, die eine Art Scharnier zwischen Zivilgesellschaft und politischem System darstellt. Hier haben die digitalen Plattformen (Facebook, YouTube, Instagram, X [Twitter], TikTok usw.) die Welt revolutioniert. Sie gehorchen dem Imperativ der Kapitalverwertung, werden über Algorithmen gesteuert und setzen die traditionellen Medien (Zeitungen, Rundfunkanstalten usw.) unter Konkurrenzdruck. Auch diese passen sich vielfach den neuen kurzatmigen und spektakelorientierten Kommunikationsgewohnheiten an. Nicht Aufklärung, sondern Unterhaltung, emotionale Aufladung und die Personalisierung von Sachthemen dominieren in der neuen Aufmerksamkeits-Ökonomie.[7]

Was dies alles für die Demokratie und die Zukunft freier Aufklärungsmedien bedeutet, ist eine komplexe Frage, die hier nicht gestellt und schon gar nicht beantwortet werden kann. Hier interessiert die Frage, wie demokratische Gegenkräfte dem rechten Treiben Einhalt gebieten könnten. Auch die Gewerkschaften diskutieren dies. Auch sie, ihre Vorstände sowie die Vorsitzenden großer Betriebsräte, kommunizieren zumeist über Medien mit ihrer Mitgliedschaft oder ihrer Belegschaft. Daher die lange Tradition und hohe Wertschätzung eigener Medien wie Mitglieder- und Funktionärszeitschriften oder Betriebszeitungen, Newsletter usw. Heute sind Homepages, Intra- und Extranets usw. hinzugekommen. Als nächster Schritt steht die Erschließung der digitalen Plattformmedien an.

Neben technischen Formen und Orten sind selbstredend die Inhalte der Kommunikation in der Auseinandersetzung mit antidemokratischem Populismus von rechts von entscheidender Bedeutung. Rechte Betriebsakteure versuchen, über die Skandalisierung von Problemen oder vielleicht auch von realen Defiziten in der Arbeit gewerkschaftlicher Betriebsrät*innen Aufmerksamkeit zu erheischen und das eigene Profil als angeblich bessere Interessenvertretung zu schärfen. In der Regel werden Scheinlösungen für Transformationskonflikte präsentiert, die die Bewahrung oder die Rückkehr in die angeblich guten alten Zeiten anbieten. Das geht zumeist nicht ohne persönliche Diffamierungen, Sündenbock-Erzählungen und Verzerrungen der Wirklichkeit ab. Genau an diesen Punkten muss sich die solidarische von der rechten Kommunikation unterscheiden.

Insgesamt müssen Fragen einer Arbeitswelt im Umbruch, des Kampfes um eine dekarbonisierte Industrie und der wirtschaftsdemokratischen Interventionen in den digitalen Medien stärker als bisher zu Themen werden. Die Diskrepanz zwischen der Bedeutung dieser Fragen

---

[7] Die Ausführungen orientieren sich an der kurzen, aber brillanten Analyse von Jürgen Habermas (2022).

für das Leben der Beschäftigten und ihrer sparsamen Thematisierung in den Plattformmedien ist eklatant. Aber vor allem sind Skizzen solidarischer Problemlösungen für aktuelle Transformationsprobleme gefragt. Lösungen, die auf persönliche Diffamierungen bewusst verzichten, alle Betroffenen einbeziehen, Belegschaftsspaltungen (etwa in deutsche und migrantische Beschäftigte) zurückweisen und sich der Notwendigkeit der Dekarbonisierung der Industrie stellen. Rechte Kommunikation und Betriebspolitik ist ausgrenzend, spalterisch und rückwärtsgewandt. Aufklärerische Kommunikation und solidarische Arbeitspolitik nehmen die Probleme der gesamten Belegschaft ernst, nutzen die Kraft der gemeinsamen Interessenvertretung und stellen sich mit Lösungsvorschlägen den Zukunftsfragen. Dieser Unterschied muss in den alten, vor allem aber in den neuen Medien auf den ersten Blick deutlich werden. Für die Gewerkschaften gewinnt eine reflektierte und zielgenaue Kommunikation als Medium der Mitgliederwerbung und -bindung, aber auch im Kampf gegen antidemokratische und menschenfeindliche Strömungen innerhalb wie außerhalb der Betriebe an Bedeutung.

Demokratische Demobilisierung, linker Mut und Parteilichkeit für Demokratie

Die Welle an antirechten Kundgebungen, die sich rund um die Enthüllungen über »Re-Migrationspläne« und menschenfeindliche Grenzregime entzündete, ist zweifelsohne eine Ermutigung. Doch ob sie nachhaltig wirken, ist ungewiss. Auch, wem die damit einhergehende öffentliche Polarisierung nutzt, ist schwer vorherzusagen. Die massenhafte Bekundung von Werthaltungen für eine bunte und offene Zivilgesellschaft ist mehr als sympathisch. Ob die erhoffte moralische Infektion bis in die gesellschaftlichen Sektoren hineinreicht, in denen die Rechte so erfolgreich fischt, ist allerdings nicht ausgemacht. Erste Meldungen über leicht rückgängige Umfrageergebnisse stimmen optimistisch, auch wenn die genauen Wirkungsketten, die dieser Entwicklungen zugrunde liegen, bisher nicht bekannt sind. Diesen Optimismus gilt es zu stabilisieren, auch wenn die Erfolge an der Wahlurne nicht wie erhofft ausfallen sollten.

Demokratische Demobilisierung

Daher bleiben Maßnahmen gegen die drohenden Wahlerfolge des parlamentarischen Arms der gesellschaftlichen Rechten, der AfD, zentral. (Urban 2024) Die Gefahr ist virulent, es geht um die Verhinderung weiterer drohender Wahlerfolge. Als Mindestziele muss erreicht werden, dass die AfD an keiner Regierung beteiligt wird, keine Regierung auf ihre direkte oder indirekte Duldung angewiesen ist oder sie eine Sperrminorität mit Blick auf wichtige Entscheidungen (etwa mit Blick auf Rundfunkräte oder Verfassungsgerichte) erlangt. Dazu muss die Zahl der Mandate möglichst geringgehalten werden. Gelingt das nicht, verschaffen sich AfD und Gefolgschaft zusätzliche Ressourcen, Wirkungsräume und politische Optionen, die etwa in der Besetzung öffentlicher Ämter und in der Blockade parlamentarischer Verfahren zum Ausdruck kommen.

Hier müssen die Erkenntnisse der Wahlforschung ausgewertet werden. Zu fragen ist, welche Strategien der aktiven Demobilisierung sich empirisch als erfolgreich und nachahmenswert herausgestellt haben. Ziel muss sein, Menschen, deren Weltbilder noch nicht stabil in rechten Deutungsmustern verankert sind, von der Wahl der AfD abzuhalten. Gerade unter den AfD-Neuwählenden, so zeigen empirische Analysen, finden sich offenbar »relativ viele, die von der Partei wenig überzeugt sind und ihr entsprechend wenig Vertrauen entgegenbringen«. (Hövermann 2023: 24) Natürlich wäre es zu begrüßen, wenn Beinahe-Wähler*innen der AfD noch kurz vor Toresschluss vom Votum für eine demokratische Partei überzeugt werden könnten. Demokratievoten an der Wahlurne von möglichst Vielen bleiben das Ziel. Aber: Gelingt das nicht, wäre auch eine sinkende Wahlbeteiligung, die durch die Wahlabstinenz potenzieller AfD-WählerInnen zustande käme, ein demokratiepolitischer Erfolg. Der politisch inhaltsleere und doch eher naiv staatstragende Slogan »Wählen gehen!«, den sich auch die DGB-Gewerkschaften bei vergangenen Wahlen zu eigen machten, sollte sich in Zeiten des Kampfes gegen rechts verbieten. Demobilisierung des rechten Lagers, so weit wie möglich, ist das Gebot der Stunde. Jede Stimme, die nicht rechte Ergebnisse stärkt, ist eine gute Stimme, auch wenn sie im politischen Papierkorb landet.

Linker Mut statt rechter Wut

Mittelfristig muss die Politik auf prekäre und ungerechte Lebenslagen der Sicherheit und Anerkennung antworten. Vor allem ginge es darum, auch bisher nicht erreichte soziale Gruppen in die Mobilisierung für sozialen Fortschritt in Betrieb und Gesellschaft zu integrieren. So könnte dem Bedürfnis nach Gemeinschaft und Gruppenidentität auf demokratieverträgliche Art und Weise begegnet werden. Auch dies ist eine Aufgabe, die von betrieblichen Interessenvertretungen und ihren Gewerkschaften offensiv und vor allem mit eigenem Profil angegangen werden muss. Die AfD versucht, die beeindruckenden zivilgesellschaftlichen Proteste als von der Regierung gesteuerte Marionettenproteste umzuetikettieren. Als Replik ist eine sachlich begründete und glaubwürdige Kritik der Ampel-Politik unverzichtbar. Es gilt, die berechtigte Wut vieler auf eine Politik, die sie schutzlos der gegenwärtigen Polykrise aussetzt, von einer rechten zu einer linken Wut zu verwandeln. Linke Wut bedeutet, sich nicht auf Sackgassen wie Rassismus, Antisemitismus und faschistoide Narrative einzulassen. Linke Wut ermutigt dazu, glaubwürdig und konsequent für ein politisches Angebot zu streiten, das sozialen Fortschritt für die Vielen erlebbar macht und die Privilegien der Wenigen nicht schont. Es gilt, demokratieunverträgliche Wut in demokratieerweiternden Mut zu transformieren. Im Betrieb, in der Gesellschaft und in der Politik.

Demokratische Parteilichkeit

Langfristig führt für die gesellschaftliche und politische Linke kein Weg daran vorbei, das stets fragile Verhältnis von Kapitalismus und Demokratie auf die Agenda der öffentlichen Kontroversen zu setzen. Ein sozial-ökonomisches Entwicklungsmodell, das über die kapitalistische Marktkonkurrenz zwangsläufig und immer wieder ökonomische Verlierer*innen produziert; in dem sozialstaatliche Kompensationen stets umkämpft und gefährdet sind, und in dem gesellschaftliche Minderheiten dominieren, die über unkontrollierte Macht verfügen und – das lehrt die historische Erfahrung – in zugespitzten Systemkrisen dann doch im Autoritarismus die letzte Zuflucht sehen –, ein solches Modell wird die Versuchung autoritärer Krisenüberwindungsstrategien nicht abschütteln können. Es geht um humane Werte und demokratische Moral. Aber es geht auch um ökonomische Interessen und politische Macht. Vor allem muss der innere Zusammenhang zwischen kapitalistischer und demokratischer Krise wieder in die Debatte geholt werden. »Wer aber vom Kapitalismus nicht reden will«, um das häufig zitierte, aber nur selten wirklich ernst genommene Diktum Max Horkheimers aus dem Jahre 1939 erneut in Erinnerung zu rufen, »der sollte auch vom Faschismus schweigen«. (Horkheimer 1939: 115). Und wenn Demokratie und Kapitalismus nicht friedlich koexistieren, gilt es, an der Seite der Demokratie zu kämpfen. Eine solche demokratiepolitische Parteilichkeit wird nur über die erwähnte demokratiepolitische Vorwärtsverteidigung erfolgreich sein. Der Kampf gegen vordemokratische kapitalistische Verhältnisse muss auch und vor allem dort geführt werden, wo die Architektur des Kapitalismus ihre tragende Säule hat: an den Orten der Kapitalverwertung, also in Betrieben und Wirtschaft. Die Demokratisierung von Betrieben und Wirtschaft allein kann die Realisierung einer besseren Gesellschaft nicht bewerkstelligen. Aber ohne sie wird die Demokratie stets unvollendet und fragil bleiben.

Ausblick

Politische Beteiligung und emotionale Bindung an eine entschiedene, glaubwürdige und vor allem erfolgreiche Interessenpolitik dürften die Voraussetzungen verbessern, in Betrieben und Gesellschaft die rechtspopulistischen Ambitionen zu kontern. Erfolgversprechend könnte eine Doppelstrategie aus *klarer Kante* und *offener Tür* sein (Urban 2018): *Klare Kante* steht für eine durchaus aggressive Konfrontationsstrategie gegenüber denjenigen, die rechtspopulistische Erzählungen in die Betriebe tragen und für menschenfeindliche Attacken werben; hier geht es um demokratischen Widerstand. *Offene Tür* steht für ein ebenso offensives Angebot zur Teilnahme an solidarischen Gegenbewegungen in Betrieb und Gesellschaft. Es geht an diejenigen, deren Verunsicherung und Wut in solidarische Interessenpolitiken eingebunden und damit progressiv kanalisiert werden muss. Gemeint ist nicht, rechtsgefährdete Wutbürger durch programmatische oder tagespolitische Konzessionen »abzuholen«, wie oft empfohlen wird. Das machen schon konservative und mitunter auch liberale Kräfte bis zur Selbstverleugnung. Das stärkt rechte Kräfte und Parteien. Es geht um das Angebot zur Beteiligung an einer inklusiv-solidarischen und partizipativen Interessenpolitik mit demokratischer Problemlösungsperspektive. Dies als Einknicken gegenüber rechts und gesinnungsethischen Verrat zu verdächtigen, erscheint doch eher hilf- und perspektivlos.

Bindung und Zustimmung zu rechten Akteuren und Narrativen laufen nicht nur über den Kopf. Das sollten auch Gegenstrategien berücksichtigen. Sie müssen dort präsent sein, wo die AfD hegemonial ist. Das erfordert demokratischen Streit um rationale Problemlösungen. Aber es erfordert auch linke Affektpolitik. Steffen Mau, Thomas Lux und Linus Westheuser fassen Affektpolitik in ihrem viel diskutierten »Triggerpunkte«-Buch als einen Modus, der nicht auf reale Problemlösung zielt, sondern »versucht, den Gefühlshaushalt von Wählerschaften aktiv zu regulieren, etwa über emotionalisierte Botschaften, Personalisierung und die Mobilisierung politischer Leidenschaften.« (Mau/Lux/Westheuser 2023: 373) Die Linke innerhalb wie außerhalb der Gewerkschaften hegt zumeist ein gesundes Misstrauen gegenüber emotionalisierter Politik. Aus der Tradition der Aufklärung kommend, gilt das rationale Argument zumeist mehr als die unkontrollierte Emotion. Dafür gab und gibt es gute Gründe. Irrationale Wallungen von aufgewiegelten Massen haben mehr als genug Unheil angerichtet. Dennoch sollte linke Politik nicht versuchen, sich durch Ignoranz gegenüber den Gefühlshaushalten der Menschen von rechter Politik zu unterscheiden. Selbstredend darf dies nicht zulasten realer Problemlösungsstrategien gehen. »Symbolisch aufgeladene Ersatzpolitiken mit hoher emotionaler Ladung« haben Mau, Lux und Westheuser als Charakteristikum rechter Strategien diagnostiziert. (Ebd.) Das sollte für die Linke tabu sein. Nicht eine andere symbolische Ersatzpolitik, sondern die reale Verbesserung von individuellen Lebenslagen und gesellschaftlichen Verhältnissen macht den Unterschied. Aber auch Menschenfreundlichkeit, Respekt und Solidarität brauchen ein emotionales Fundament. In linken Antifa- und Demokratie-Strategien muss die Kraft des aufklärerischen Arguments durch die Ansprache solidarischer Affekte gestützt und nicht verdrängt werden.

Literatur

Anderson, Elizabeth (2019): Private Regierung. Wie Arbeitgeber über unser Leben herrschen (und warum wir nicht darüber reden). Berlin: Suhrkamp.

Arbeitsgruppe Alternative Wirtschaftspolitik (2024): Memorandum 2024. Schuldenbremse lösen: Auftakt zu gerechtem Klimaschutz. Köln: PapyRossa.

Detje, Richard/Sauer, Dieter (2023): Solidarität in den Krisen der Arbeitswelt. Aktualität kollektiver Widerstandserfahrungen. Hamburg: VSA.

Dörre, Klaus/Liebig, Steffen/Lucht, Kim/Sittel, Johanna (2023/2024): Klasse gegen Klima? Transformationskonflikte in der Autoindustrie, in: *Berliner Journal für Soziologie*, doi.org/10.1007/s11609-023-00514-z (Zugriff 18.12.2023).

Dullien, Sebastian/Iglesias, Simon G./Hüther, Michael/Rietzler, Katja (2024): Herausforderungen für die Schuldenbremse. Investitionsbedarfe in der Infrastruktur und für die Transformation. Policy Brief Nr. 168.

Habermas, Jürgen (2022): Ein neuer Strukturwandel der Öffentlichkeit und die deliberative Politik. Berlin: Suhrkamp.

Hirsch, Joachim/Roth, Roland (1986): Das neue Gesicht des Kapitalismus. Vom Fordismus zum Postfordismus. Hamburg: VSA:

Hohendanner, Christian/Kohaut, Susanne (2024): Tarifbindung und Mitbestimmung: Keine Trendumkehr in Westdeutschland, Stabilisierung in Ostdeutschland; Tarifbindung und Mitbestimmung: Keine Trendumkehr in Westdeutschland, Stabilisierung in Ostdeutschland – IAB-Forum (Zugriff 14. 6.2024).

Horkheimer, Max (1939): Die Juden in Europa, in: Zeitschrift für Sozialforschung 8. Jg., H. 1/2, S. 115–137.

Hövermann, Andreas (2023): Das Umfragehoch der AfD. Aktuelle Erkenntnisse über die AfD-Wahlbereitschaft aus dem WSI-Erwerbspersonenpanel. WSI-Report, Nr. 92, November.

Jirjahn, Uwe/Thu Le, Thi Xuan (2023): Works Councils and Workers' Party Preferences in Germany. IZA Discussion Paper, Nr. 15879. Januar.

Kiess, Johannes/Wesser-Saalfrank, Alina/Bose, Sophie/Schmidt, Andre/Brähler, Elmar/Decker, Oliver (2023): Arbeitswelt und Demokratie in Ostdeutschland. Erlebte Handlungsfähigkeit im Betrieb und (anti)demokratische Einstellungen. Frankfurt a.M.: OBS.

Lindner, Roland (2024): Trump findet Freunde an der Wall Street und im Silicon Valley. Frankfurter Allgemeine Zeitung (FAZ), Nr. 124, 31.5.2024, S. 24.

Marx, Karl (1980): Das Kapital. Kritik der politischen Ökonomie. Erster Band. (MEW 23). Berlin: Dietz.

Mau, Steffen/Lux, Thomas/Westheuser, Linus (2023): Triggerpunkte. Konsens und Konflikt in der Gegenwartsgesellschaft. Berlin: Suhrkamp.

Tooze, Adam (2022): Kawumm! In: FAZ Nr. 29 vom 14.7.2022.

Urban, Hans-Jürgen (2006): Gewerkschaftspolitik als Demokratiepolitik. Der Beitrag der Abendroth'schen Gewerkschaftskonzeption zu einer – leider (!) – nicht stattfindenden Debatte, in: Urban, Hans-Jürgen/Buckmiller, Michael/Deppe, Frank (Hrsg.): »Antagonistische Gesellschaft und politische Demokratie«. Zur Aktualität von Wolfgang Abendroth. Hamburg: VSA, S. 80–98.

Urban, Hans-Jürgen (2018): Kampf um die Hegemonie. Die Gewerkschaften und die neue Rechte, in: Blätter für deutsche und internationale Politik, H. 3/2018, S. 103–122.

Urban, Hans-Jürgen (2019): Gute Arbeit in der Transformation. Über eingreifende Politik im digitalisierten Kapitalismus. Hamburg: VSA.

Urban, Hans-Jürgen (2024): Gewerkschaften gegen recht: Klare Kante und offene Tür, in: Zeitschrift LuXemburg (zeitschrift-luxemburg.de) (Zugriff 22.5.2024).

Urban, Hans-Jürgen/Hebel, Stephan (2023): Arbeit. Macht. Krise. Über Krisen des Kapitalismus und Pfade in eine nachhaltige Gesellschaft. Frankfurt a.M.: Campus.

Richard Detje/Dieter Sauer/Ursula Stöger/Hilde Wagner

Der Siegeszug der radikalen Rechten und seine Hintergründe

Daten, Erklärungsansätze, empirische Befunde aus der Arbeitswelt

Europa wankt. In Italien, den Niederlanden, Finnland und Ungarn sitzt die radikale Rechte in der Regierung, in Schweden sind die Konservativen auf deren Unterstützung angewiesen. Im Juni 2024, bei den Wahlen zum Europäischen Parlament, wurden weitere Sterne auf dem Banner der EU braun eingefärbt. Kein Durchmarsch, gewiss. In Polen verlor die PiS 2023 ihre absolute Mehrheit, in Frankreich gelang es einer Widerstandsfront der Vereinigten Linken und republikanischen Kräften einen Siegeszug des Rassemblement National im Juli 2024 zu verhindern,[1] und in Großbritannien feierte zeitgleich die Labour Party gegen nach Rechtsaußen abgedriftete Tories und die rechtspopulistische UK Reform Party einen ihrer größten Wahlerfolge. Gleichwohl lautet die Bilanz der jüngsten Zeit, dass sich politische Stimmungen und Kräfteverhältnisse weiter nach rechts verschieben.

In Deutschland kam die AfD bei der Wahl zum Europäischen Parlament – dem einzigen bundesweiten Urnengang vor der Bundestagswahl 2025 – nicht über 16% der Wähler*innenstimmen hinaus. Doch damit konnte sie sich als zweitstärkste politische Kraft feiern. Dies ist umso beachtlicher, weil ein starker Gegenwind gleich aus zwei Richtungen blies. Zum einen aus einem breiten zivilgesellschaftlichen Oppositionslager, das sich zum Jahresbeginn gegen rechtsradikal-völkischen Rassismus formiert hatte. Zum andern aus den Reihen ihrer Spitzenfunktionäre, die ihre Abgeordnetendiäten durch Korruption aufgebessert hatten. Zwar konnte die in der AfD organisierte radikale Rechte nicht mehr an Spitzenwerte von teilweise über 20% anknüpfen, die Demoskopen ihr noch

[1] Vergleiche zwischen Frankreich und Deutschland wären aufschlussreich. Zum Beispiel, inwieweit in der politischen Entwicklung Frankreichs das Erbe der Résistance gegen den deutschen Faschismus und damit das kollektive historische Gedächtnis (auch vermittelt über schulische Bildung) eine bis heute für größere Teile der Bevölkerung positiv konnotierte, identitätsstiftende Rolle spielt.

Ende 2023 zugeschrieben hatten. Doch dies gerät zu einer Petitesse angesichts des Siegeszugs in den ostdeutschen Bundesländern, wo sie sich teilweise weit vor der politischen Konkurrenz als Mehrheitspartei behauptet. Ein demokratischer Weckruf blieb gleichwohl aus. Das politische System gerät auch in Deutschland ins Wanken.[2]

Im Folgenden soll es nicht um Wahlanalysen gehen. Der Blick auf soziale Profile der AfD-Wählerschaft leitet über zur Frage, welche Rolle die Arbeitswelt in der Rechtsentwicklung spielt. 2018 hatten wir dazu eine erste empirische Untersuchung vorgelegt; gegenwärtig arbeiten wir an einer Follow-Up-Studie.[3] Erste Befunde daraus fließen in die nachfolgenden Thesen ein.

These 1
Trotz Gegenmobilisierung und Selbstdemontage – die soziale Basis der AfD erweitert sich

Die Stimmenzuwächse der AfD bei Wahlen sind dynamisch. Doch damit beginnt erst das Menetekel. Ein Blick ins Elektorat offenbart weitere Hiobsbotschaften. Nachwahlbefragungen zufolge haben 33% derjenigen, die ihren Erwerbsstatus als »Arbeiter« bezeichnen, im Juni 2024 die AfD gewählt.[4] Ein fulminanter Anstieg um zehn Prozentpunkte gegenüber der Europawahl 2019 und jenen gut zehn Prozentpunkten, die sie damals bereits gegenüber der Wahl 2014 zugelegt hatte. Insbesondere unter Industriebeschäftigten und in Bereichen produktionsnaher Dienstleistungen mit nicht selten schweren körperlichen Arbeitsbelastungen, eher unterdurchschnittlicher Bezahlung, wenig Aufstiegsperspektive und gegenüber anderen Beschäftigtengruppen mit tendenziell gefährdeteren Arbeitsplätzen liegt sie deutlich vorne. Bei den Europawahlen machten nur noch 24% der »Arbeiter« ihr Kreuz bei den Christdemokraten, von der Sozialdemokratie ganz zu schweigen, in der nicht

[2] Dabei sollte nicht übersehen werden, dass der AfD gerade auch dort, wo sie hohe Stimmenanteile aufweist, Konkurrenz von noch weiter Rechts angesiedelten neofaschistischen Wählergruppen erwachsen ist.

[3] Auch diese Untersuchung wird, wie ihre Vorläufer, von der Rosa Luxemburg Stiftung finanziell unterstützt, der wir sehr zu Dank verpflichtet sind.

[4] www.tagesschau.de/wahl/archiv/2024-06-09-EP-DE/umfrage-afd.shtml.

mehr als 12% der »Arbeiter« ihre politische Repräsentanz sehen. Wer in den arbeitsgesellschaftlichen Lagen eher unterhalb des Mitte-Gehoben-Spektrums eingruppiert ist, hat sich von den einstigen Mehrheitsparteien getrennt, beteiligt sich in einem erheblichen Umfang nicht mehr an Urnengängen oder hat einen neuen politischen Adressaten im organisierten Rechtsradikalismus gefunden (Becker/Dörre/Reif-Spirek 2018).

Zu den Hiobsbotschaften gehört, dass sich ein Teil der Jungwähler*innen[5] im laufenden Jahrzehnt neu orientiert. Zwar weist die AfD in der Altersgruppe zwischen 35 und 44 Jahren ihre höchsten Unterstützungswerte aus (ein Fünftel der Angehörigen dieser Gruppe wählt die AfD), aber den größten Stimmen*zuwachs* (plus 11%) erhielt sie bei den Europawahlen von 16- bis 24-Jährigen. Dabei kann offenbleiben, ob die AfD bereits zur stärksten Partei in jüngeren Alterskohorten aufgestiegen ist.[6] AfD-Klassiker wie Migration und Zuwanderung mit hohem Triggerpotenzial spielen unter Jugendlichen zwar eine eher unterdurchschnittliche Rolle, haben aber gleichwohl auch bei ihnen an Relevanz gewonnen.[7] Wie in der Gruppe der »Arbeiter« sticht auch in den Kreisen der Jungwähler*innen der massive Vertrauensverlust in die Regierungsparteien hervor. Die Erosion der Problemlösungskompetenz, der Meinungsbildung und der Diskurse des politischen Repräsentationssystems erweist sich als ein Brandbeschleuniger nach rechts.

Ein dritter Blick auf einstürzende »Brandmauern« erschließt sich, wenn Alt- und Neuwähler*innen der AfD verglichen werden. Auch dies ermöglicht die Auswertung des WSI-Erwerbstätigenpanels 2023. So wächst der Anteil von Frauen im AfD-Elektorat. Zudem nimmt die

---

[5] Bei den Europawahlen 2024 konnten sich erstmals Jugendliche ab 16 Jahren beteiligen.

[6] Dies ist der spektakuläre Befund der Jugend-Studie von Schnetzer/Hampel/Hurrelmann 2024. Das gibt die Untersuchung von Zick et al. (2023) nicht her, in der aber darauf verwiesen wird, dass es vor allem die jüngste Altersgruppe ist, in der die AfD vermehrt auf Resonanz stößt.

[7] Das Jungwähler*innen-Votum ist näher zu untersuchen. Bei ihnen sind Klassenerfahrungen in betrieblichen Zusammenhängen nicht oder noch nicht prägend vorhanden; gleichzeitig sind historische Erfahrungen mit dem deutschen Faschismus schon an Vorgänger-Generationen nicht weitergegeben worden und damit im historischen Gedächtnis meist eine Leerstelle. Das mag Offenheit in Richtung der radikalen Rechten signalisieren, erklärt aber nicht entsprechende Voten.

Wählbarkeit der AfD auch bei Erwerbspersonen mit mittleren Bildungsabschlüssen zu, wobei der Anteil von darüber liegenden Abschlüssen (Abitur) »signifikant unterdurchschnittlich« bleibt. Damit verbunden ist, dass AfD-Neuwähler*innen in leicht wachsendem Maße auch aus mittleren und höheren Einkommensgruppen kommen (deren Anteil bei anderen Parteien jedoch deutlich höher ist). Befunde wie diese legen nahe, dass die AfD in dem Maße, wie sie elektorale Erfolge erzielt, eine Erweiterung ihres sozialen Profils erfährt. Das entscheidende Aufregerthema ist auch hier die Migration. Häufig gilt: »Wer AfD wählt, macht dies nicht trotz, sondern wegen ihrer migrationsfeindlichen Positionen« (Hövermann 2023: 41).

Daran hängt ein letzter hier zu erwähnender Befund: Wer AfD wählt, ist sich durchaus darüber im Klaren, dass es sich um eine rechtsradikale, in Teilen völkisch-neofaschistische Partei handelt. Doch dieses Wissen schreckt nicht ab. Mehr als vier Fünftel der AfD-Wähler*innen geben kund, dass es ihnen »egal« sei, die extreme Rechte zu stärken. Ein erschreckender Befund.[8]

These 2
Erster Blick hinter die Kulissen: »Krisen zählen zu den Treibern autoritärer Entwicklungen und rechtsextremer Aktivitäten« (Heitmeyer)[9]

Die Corona-Pandemie war noch nicht überwunden, als in kurzer Frist inflationäre Preisschübe vor allem in unteren und mittleren Einkommenslagen zu erheblichen finanziellen Verlusten führten. Die Wiederkehr des Krieges in Europa hatte insbesondere die für das Alltagsleben wichtigen Märkte getroffen: Energie und Lebensmittel. Gefallene Realeinkommen schwächen seitdem die gesamtwirtschaftliche Nachfrage. Arbeitsplätze sind erneut gefährdet.

---

[8] Wir denken nicht, dass der Faschismus-Begriff die gegenwärtige Entwicklung trifft; deshalb sprechen wir von einer radikalen Rechten in Absetzung vom bürgerlich-konservativen Lager.

[9] In: Frankenberg/Heitmeyer (Hrsg.) 2022: 251.

Als »verunsichert, aber nicht erschüttert« wird die Einstellung eines Großteils der Erwerbstätigen in einer WSI-Befragung beschrieben (WSI 2024). Nicht erschüttert heißt u.a.: Nach der Abschwächung des dramatischen Infektionsgeschehens in der Corona-Krise stellte sich im Alltagsleben partielle Erleichterung ein. Doch Verunsicherung bleibt, Krisenerfahrungen diffundieren, ohne dass sich eine neue Zeit von Prosperität, Stabilität und Sicherheit am zeitgeschichtlichen Horizont ankündigt. Für Heitmeyer (in Frankenberg/Heitmeyer 2022: 255) zeigt sich hierin ein »neuer, systemischer Krisentypus«,[10] unterschieden von sektoralen Krisen, die jeweils nur Teile der Gesellschaft und Bevölkerung treffen. Damit werden Krisenroutinen entwertet, Kontrollverluste bekommen »eine neue Dimension« (ebd.). Das Zeitgeschehen ist einmal mehr durch Widersprüche und Uneindeutigkeiten geprägt. »Ambivalenzen und Ambiguitäten als Grundparadigma der Moderne entfalten unter dem Druck von Krisen und damit verbundenen Kontrollverlusten eine neue Wucht, die ins Autoritäre drängt […] Das Autoritäre dient dann als Strategie zur Reduzierung von ökonomischer, sozialer und politischer Komplexität – und gleichzeitig von Freiheitsräumen.« (Ebd.: 259)

Kontrollverluste sind Kennzeichen krisenbedingter Infragestellung vormaliger Routinen des Arbeits- und Alltagslebens. Bei einem Teil der Beschäftigten kommt es zu einer Verdichtung und in der Folge auch Verselbständigung »negative(r) Weltsichten« (WSI 2024: 1). Ein überdurchschnittlich starkes Krisenbewusstsein weisen AfD-Wähler*innen auf. Sie sehen sich von den ökonomischen, sozialen, ökologischen und sicherheitspolitischen Erschütterungen persönlich betroffener als der Durchschnitt der Bevölkerung. Bei ihnen verstärkt sich der Gesamteindruck eines krisenhaften Entwicklungsverlaufs. Auf die Frage: »Wie stark ist Deutschland Ihrer Meinung nach derzeit von den Krisen betroffen«, antworten 83% der AfD-Wählenden mit »stark« bis »sehr stark«

[10] Adam Tooze spricht von einer »Polykrise«, in der verschiedene Krisenphänomene nicht einfach nur parallel wirken, sondern sich wechselseitig verstärken. Pandemie, Inflation, Krieg und Wachstumsschwäche sind dafür freilich ein unvollständiges, rudimentäres Gerüst. Zum Basso continuo gehören ökologische Krisen, von denen die Klimaerwärmung gegenwärtig die zukunftsgefährdende Dynamik aufweist. Damit steht die sozial-ökologische Transformation nicht nur der industriellen Produktion, sondern der Immobilienmärkte, der Verkehrssektoren, ja ganzer Konsumformen auf der Tagesordnung.

(ebd.: 7). Spitzenwerte erreichen dabei Erwerbstätige mit AfD-Voten in den untersten Einkommensbereichen mit einem Monatsverdienst von unter 1.500 Euro; über 70% von ihnen sehen sich stark »verunsichert«. Jedoch auch »unabhängig von ihrer tatsächlichen finanziellen Situation fühlen sich AfD-Wähler*innen durch die aktuellen Krisen stärker betroffen und verunsichert als die Wähler*innen anderer Parteien« (ebd.: 2). Sie sehen sich deutlich stärker den Belastungen der Gegenwartsgesellschaft ausgesetzt, was das Lager der radikalen Rechten zusammenschweißt und dynamisiert (Dörre 2020).

Bedrohungsängste und Verunsicherung sind keine Prädispositionen, die Offenheit und Großherzigkeit nahelegen. Umgekehrt: Imaginierte oder reale Vorrechte werden umso hartnäckiger verteidigt – auch gegenüber aus der Ukraine Geflüchteten –, sodass »das Gefühl unter AfD-Wähler*innen, gegenüber Geflüchteten zu kurz zu kommen und Etabliertenvorrechte im Sinne von ›wir zuerst‹ einzufordern, enorm Verbreitung finden.« (WSI 2024: 4f.)

Der Eindruck, übervorteilt zu werden, ist durch starkes Institutionenmisstrauen unterlegt und befördert dieses zugleich. Von einer ausgeprägten »Entfremdung« ist in der WSI-Untersuchung die Rede. »Das gilt auf unterschiedlichem Niveau, für Polizei, Justiz oder Bundeswehr ebenso wie für Gewerkschaften und Arbeitgeberverbände. Extrem niedrig sind die Werte beim Vertrauen zu öffentlich-rechtlichen Medien und zur Bundesregierung. Nur 4 bzw. 1% der AfD-Wähler*innen äußern hier großes oder sehr großes Vertrauen.« (Ebd.: 3) Öffentlichkeit und Kommunikationskanäle sind in dieser Perspektive verriegelt. Wo Regelungssysteme und politischer Austausch diskreditiert sind, greifen Selbstbezüglichkeit und Selbstvergewisserung in Binnenzirkeln. Vertrauensverluste nach außen werden im Innern zu kompensieren versucht. Die Folge: Das Vertrauen von AfD-Wähler*innen in »ihre« Partei überschreitet das der anderen Wähler*innen in deren jeweilige Parteipräferenzen deutlich.

Ausgeprägtes Krisenbewusstsein im Milieu der radikalen Rechten ist also nicht nur in einem engeren ökonomisch-sozialen Bedrohungsszenario, sondern in einem breiten Bogen zu verstehen, der bis in das staatliche Institutionen- und Repräsentativsystem reicht.

These 3
Zweiter Blick hinter die Kulissen: ethnischer Wettbewerb und Wohlstandschauvinismus verbinden sozio-ökonomische und kulturalistische Deutungen

Kulturalistische Deutungen sehen in der Migrationsfeindlichkeit den maßgeblichen Faktor für die Dynamisierung der radikalen Rechten im politischen Feld. Nationalistische und identitäre Praxen würden Krisenprozesse überlagern und neue Dynamiken von Kollektivbildungen schaffen, die die Wirkmächtigkeit von Klassenformierung herabsetzen, so eine gängige These. Tatsächlich ist die Aufwertung einer als überlegen angesehenen nationalen Identität, sind Islamophobie und Antisemitismus, die Abwertung von Asylsuchenden und Rassismus Syndrome gruppenbezogener Menschenfeindlichkeit (Heitmeyer 2011), die sich im Alltagsbewusstsein von Teilen der Bevölkerung seit Jahrzehnten Deutungshoheit verschafft haben.

Dabei findet eine Ebenenverschiebung statt. Horizontale Konflikte werden vor vertikale geschoben: »Wir« gegen »die Anderen« vor »Oben« gegen »Unten«. Zu Recht hat Zygmund Bauman (2016) darauf hingewiesen, dass »Wir« keine Substanz-, sondern eine Ab- und Ausgrenzungskategorie ist; erst wenn »die Anderen« mehr oder weniger gewaltsam auserkoren und exkludiert sind, kann das »Wir« bestimmt werden. Dieser Prozess hat weitreichende Folgen: Erstens Bruch mit universalistischer Politik, wonach gleiche Rechte für alle gelten; zweitens Brutalisierung der Ausgrenzung und/oder Kriminalisierung der »Anderen«, um das »Wir« stark zu machen; drittens »Adiaphorisierung«[11] des Umgangs mit dem Thema Migration: »Sind die Migranten in der öffentlichen Meinung erst einmal der Kategorie potenzieller Terroristen zugeordnet, stehen sie außerhalb des Bereichs moralischer Verantwortung (ebd.: 37f.); viertens »Versicherheitlichung« herrschender Politik: »Die Versicherheitlichung ist ein Taschenspielertrick [...] Er verschiebt die Angst vor Problemen, die der Staat nicht zu lösen

---

[11] »Adiaphorisierung« ist ein Schlüsselbegriff in Baumans Werk. Bezeichnet ist damit »ein Vorgang, in dem bestimmte Handlungen oder Handlungsobjekte von jeder moralischen Relevanz entkleidet werden, befreit von den Kategorien, die sich zur moralischen Bewertung eignen«. (Bauman 1996: 48)

vermag (oder gar nicht erst angehen möchte), auf Probleme, mit denen die Regierung sich […] eifrig und (gelegentlich) erfolgreich auseinandersetzt« (ebd.: 33), indem sozial-ökonomische Probleme den »Sicherheitsorganen« des Staates überantwortet werden.

Bereits hier zeigt sich: Sozio-ökonomische und kulturalistische Erklärungsansätze schließen sich nicht zwangsläufig aus, stehen nicht in scharfem Gegensatz zueinander. Dass in politischen Auseinandersetzungen gleichwohl nach dem Muster Entweder-Oder verfahren wird, markiert eine Schwäche der progressiven Kräfte. Mau/Lux/Westheuser (2023) sehen zwei in einem engeren Zusammenhang zueinander stehende Vermittlungsglieder. Zum einen das des »ethnischen Wettbewerbs«, bei dem sich aus dem »Wettbewerb um knappe Ressourcen wie Arbeitsplätze, Status und Einfluss Bedrohungsgefühle und Schließungsinteressen gegenüber kulturell als ›different‹ definierten Gruppen ergeben«. (Ebd.: 128) Krisenentwicklungen aktivieren Ausgrenzungen und Ausschließungen, deren Wurzeln in ökonomischer und sozialer Bedrohung liegen, die gleichsam kulturalistisch umgebogen und gedeutet werden. Eng verbunden ist dies mit einem Wohlfahrtschauvinismus, bei dem – durchaus auch antineoliberale – Forderungen nach sozialer Sicherheit und Umverteilung mit ethnischer Ausgrenzung einher gehen. Recht früh war dies in der radikalen Rechten skandinavischer Prägung der Fall, wo es deren Repräsentant*innen gelang, sich als Vertreter der »kleinen Leute« nicht nur gegen konservative Parteien, sondern auch gegen eine neoliberal gewendete Sozialdemokratie zu profilieren. Beides – so die von Mau/Lux/Westheuser zusammengefasste Forschungslage – ist »besonders in den unteren sozialen Klassen verbreitet [...] Wohlfahrtschauvinismus ist in diesem Lichte […] auch als umgelagerter, umgelenkter Klassenkonflikt interpretiert worden, der mit einer Aufwertung der Eigengruppe (beispielsweise als ›deutscher Arbeiter‹) und der Abwertung anderer ethnischer Gruppen einhergeht«. (Ebd.: 130)

These 4
Arbeit ist ein zentraler Integrations- bzw. Desintegrationsfaktor. AfD-Anhänger*innen sehen sich gering geschätzt und abgewertet

Was sind die Gründe dafür, dass Erwerbstätige, die sich als »Arbeiter« bezeichnen, in der AfD ihren politischen Adressaten sehen? Wir sind dieser Frage 2017 nachgegangen, nachdem eine starke Fluchtbewegung infolge des Syrien-Krieges 2015 und der Rückeroberung Afghanistans durch die Taliban stattgefunden und in Europa wie hierzulande zu einer Polarisierung der gesellschaftlich-politischen Auseinandersetzungen geführt hatte. Einige unserer Befunde zum damaligen Zeitpunkt lauteten in drei Punkten zusammengefasst (Sauer et al. 2018):

- In den betrieblichen Arbeitsstätten hatte eine »Klimaveränderung« stattgefunden. Rechtspopulistische Gesinnung wurde in Teilen der Belegschaften enttabuisiert nach dem Motto: »Man wird ja schon noch mal sagen dürfen«. Vor allem in ausgewählten Social Media verbreitete sich eine ressentimentgeladene, teilweise hassdurchtränkte Kommunikation.
- Die Arbeitswelt bezeichneten wir als einen »Nährboden« der sich radikalisierenden Rechten. Gründe dafür waren nach der Wirtschafts- und Finanzkrise 2008ff. sowie der Beschleunigung aufnehmenden sozial-ökologischen Transformationsprozesse eine wiedererwachte Angst vor dem Verlust des Arbeitsplatzes, ein Regime der Unsicherheit aufgrund permanenter Reorganisation und Rationalisierung, fortschreitende Prekarisierung sowie weiter steigender Leistungsdruck. Wir sahen hierin eine »Zuspitzung« arbeitsweltlicher Problemlagen.
- Daraus ergaben sich in unseren Befragungen subjektive Zuspitzungen: Abstiegs- und Zukunftsängste vor dem Hintergrund von Kontrollverlusten in der Gestaltung der eigenen Erwerbsbiografie, Wahrnehmung fehlender Anerkennung der Arbeitsleistung und Entsolidarisierung.

In den seither verstrichenen Jahren sehen wir den Befund der »Klimaveränderung« durch erste Befunde einer neuen explorativen Studie nicht nur bestätigt; er hat – soweit wir das in unseren qualitativen Befragungen beurteilen können – an Intensität und Breite gewonnen. Dabei geht es weiterhin um Enttabuisierung, aber in erheblichem Maße auch um die Übernahme von Deutungsmustern und Orientierungen, die man der radikalen Rechten zuschreiben kann oder die Affinitäten dazu aufweisen. Die »graue Zone« des Übergangs von einer demokratisch-toleranten Alltagsauffassung hin zu »gruppenbezogener Menschenfeindlichkeit« ist in der Arbeitswelt spürbarer, deutlicher, signifikanter geworden.

Die arbeitsweltlichen Problemlagen werden durch neuere Untersuchungen bestätigt. In der bereits mehrfach aufgerufenen Auswertung des WSI-Erwerbspersonenpanels »lassen sich für Wählende der AfD nun überdurchschnittlich häufig als mangelhaft empfundene Arbeitsbedingungen aufzeigen. Alle befragten Aspekte guter Arbeitsbedingungen werden von Wählenden der AfD signifikant seltener angegeben als von Wählenden anderer Parteien [...] Sie bezeichnen ihren Arbeitsplatz fast doppelt so häufig [...] als unsicher (18 vs. 10%) und empfinden fast doppelt so häufig keinen Stolz auf ihre Arbeit (18 vs. 11%). Sie schätzen im Falle von Arbeitslosigkeit ihre Chancen am Arbeitsmarkt als schlechter ein und berichten seltener als Wählende anderer Parteien davon, dass ihre Arbeit abwechslungsreich ist, sie bei strategischen Fragen am Arbeitsplatz Mitsprachemöglichkeiten haben oder Unterstützung und Hilfe von Kollegen bekommen können.« (Hövermann 2023: 17) Unsere aktuellen Befragungen verweisen zudem auf verbreitete Ohnmachtsgefühle und sie bestätigen: Gewerkschaftliche und betriebliche Interessenvertretung muss ihre Wirksamkeit immer wieder neu unter Beweis stellen mit Blick auf die harten Facts eines entgrenzten Leistungsregimes, die damit verbundenen gesundheitlichen Gefährdungen oder ähnliche negative Belastungssyndrome. Darüber hinaus sind es oft die fälschlicherweise als »soft« bezeichneten Themen, die an erster Stelle genannt werden: fehlende Anerkennung und Wertschätzung (»Mein Arbeitgeber sieht nicht, was ich für den Betrieb/Dienststelle leiste«). Es sind die subjektiv erfahrenen Nichtbeachtungen, Geringschätzungen, Abwertungen, die als arbeitsweltlicher Hintergrund rechte Orientierungen befördern und zu Wahlentscheidungen für die AfD führen können.

These 5
Dichotomiewahrnehmung und Konflikterfahrungen können Rechtsentwicklung dynamisieren

Den »Konfliktwahrnehmungsmustern von abhängig Beschäftigten« sind Kiess/Schmidt/Bose näher nachgegangen. Ihr Befund lautet zunächst, »dass die abhängig Beschäftigten in der Gesellschaft stark ausgeprägte Interessengegensätze zwischen gesellschaftlichem Oben und Unten wahrnehmen.« (2022: 294f.),[12] deutlich stärker als Konflikte um Lebensführung. Dabei wird der Klassenkonflikt (Lohnarbeit und Kapital) als jener mit der stärksten Zuspitzung erfahren. Ein dichotomes Gesellschaftsbild hat sich nicht verflüchtigt. Aber daraus kann nicht unmittelbar auf politische Einstellungen geschlossen werden: »Auch jene Gruppen, die einen deutlichen Gegensatz zwischen Oben und Unten in der Gesellschaft wahrnehmen, verknüpfen dieses Erleben nicht konsequent mit Positionierungen gegen Prinzipien des freien Marktes und privates Profitstreben, mit gewerkschaftlichen Handlungsperspektiven oder der Forderung nach staatlichen Eingriffen in die Wirtschaft.« (Ebd.: 297) Die Wahrnehmungen werden als »ambivalent«, »unentschlossen« und »offen widersprüchlich« bezeichnet. Dies ist möglicherweise ein Hinweis darauf, dass Befunde einer »demobilisierten Klassengesellschaft« (Dörre 2019) nicht allein mangelnder Mobilisierung – also einer performativen Ebene – zuzuschreiben sind, sondern eben jenen diffusen Wahrnehmungen entsprechen, die sich unter Umständen gegen offensivere Mobilisierungskonzepte sperren. Wo es aber nicht zu Handlungen kommt – so ein zentraler Befund unser Solidarität-Studie (Detje/Sauer 2023) – sind auch Lernprozesse blockiert.

Bestätigt werden auch in der Untersuchung von Kiess/Schmidt/Bose bereits oben ausgeführte Befunde, dass sich Konfliktverortungen nach sozialen Lagen bzw. Betroffenheiten sortieren: am intensivsten bei ab-

[12] Insgesamt wurden zwölf Ebenen von Interessengegensätzen untersucht, neben Kapitalisten/Arbeiterklasse auch jene zwischen Politikern/einfachen Bürgern, Jungen/Alten, Ost-/Westdeutschen, Männern/Frauen, Deutschen/Nichtdeutschen etc. Daraus wurden sechs Cluster gebildet: neben Unten/Oben-Spaltung sind das integrierte Oben-Unten-Gesellschaft, fragmentierte Gesellschaft, konfliktarme Gesellschaft, diffuses Konfliktgeschehen und umstrittene Politik und Wirtschaft.

hängig Beschäftigten mit stärker prekärem sozialem Hintergrund und dem Eindruck, politisch zu den Abgehängten zu gehören, häufiger in Ostdeutschland lebend. Vor allem dort wird »eine deutlich höhere Anfälligkeit für antidemokratische, autoritäre Orientierungen« (Kiess et al. 2022: 289) konstatiert. »Die mit erhöhter Konfliktwahrnehmung einhergehende Gefahr antidemokratischer Polarisierung besteht [...] bei knapp einem Drittel der abhängig Beschäftigten« (ebd.: 298). Konflikterfahrungen bilden demzufolge keine Schutzschicht gegen ein Abdriften in die radikale Rechte. Aus einer Position der Deprivation können sie dies geradezu befördern. Damit ist über die Vermittlungsglieder noch nichts gesagt, die es weiter zu untersuchen gilt.

Eine Schlussfolgerung daraus lautet: »Versteht man mit Oskar Negt Konfliktwahrnehmung als einen Ansatz für Bewusstwerdungs- und Lernprozesse, so liegt es in der Hand von Gewerkschaften und anderen Akteuren, in politisch und organisational eingebetteten Bildungsprozessen und ausgehend von Alltagserfahrungen entsprechende Deutungsangebote etwa der Ursachen sozialer Ungleichheit bereitzustellen.« (Ebd.: 299)

These 6
Die meritokratische Ordnung ist eine der zentralen Konfliktachsen mit der radikalen Rechten

In vertikal strukturierten Konfliktarenen (Oben-Unten) erweist sich »der Glaube an das Leistungsprinzip« als die »wichtigste moderne Form der Legitimierung von Ungleichheit«. Der Kapitalismus erscheint als eine letztlich auf Leistung gründende, also meritokratische Ordnung, in der im Idealfall »jede/r seines/ihres Glückes Schmied« ist, was – so Mau/Lux/Westheuser (2023: 85f.) – verständlich macht, »warum sich trotz großer Ungleichheitskritik die Umverteilungsforderungen in Grenzen halten.«

Linus Westheuser zufolge ist es in Deutschland vor allem die Arbeit selbst (mehr noch als deren Entlohnung), an der sich die Leistungsorientierung ausrichtet. Die Bedeutung der Arbeitswelt, der kollektiven und individuellen Arbeitsleistung, der jeweiligen Stellung im Arbeitsprozess und der darauf bezogenen Qualifikationen kommt hierzulande stärker als in Vergleichsländern wie Schweden und Großbritannien eine nicht zu überschätzende Bedeutung zu. Daraus lässt sich folgern: Der Rechtsextremismus wird zu einer noch mächtigeren Gefahr, sollte es ihm gelingen, weiter in das Terrain der Arbeit vorzustoßen und die Klassenspaltung der kapitalistischen Arbeitsgesellschaft in andere Arenen von Ungleichheitskonflikten zu übersetzen und umzudeuten. Etwa nach dem Schema: »›Makers‹ werden gegen ›takers‹ gestellt. In der Kategorie der ›makers‹ werden Arbeitende und Unternehmer zusammengeworfen, bei Liberalen manchmal sogar Investoren. Ihnen gegenübergestellt werden Transferempfänger oder oft auch Migranten, die vermeintlich fordern, ohne etwas geleistet zu haben [...] In unserer Studie zu den Triggerpunkten sehen wir, dass von allen Parteien die AfD-Wählerschaft besonders stark der Meinung ist, dass es heute ›nicht genügend Respekt für hart arbeitende Menschen‹ gebe.« (Westheuser 2024).

Weitere Brisanz erhält dieser Befund durch das, was wir in unserer Vorgängeruntersuchung als Mahnung verstanden haben wollten: dass Gewerkschaften nicht (mehr) genügend an die Systemdefekte der Arbeitswelt und die damit verbundenen Interessen und Sorgen der Beschäftigten herankommen. Wenn Gewerkschaften und Betriebsräte sich nicht in der Lage sehen, auf das betriebliche Leistungsregime tatsächlich regulierenden Einfluss zu nehmen, verlieren sie entscheidende Kompetenz, sich in den Clinch um die Anerkennungsordnung, Wertzuschreibung und Legitimation des Kapitalismus zu begeben. Sie hinterlassen dann einen Raum, in den die radikale Rechte vordringen und den sie mit ihrer ganz anderen Kollektivierungsperspektive (Nationalismus und Rassismus) infizieren können.

These 7
Enttäuschung über die Politik – das Einfallstor für die radikalen Rechte wird größer

Es war nicht überraschend, aber in seiner Deutlichkeit dann doch unerwartet: In unseren aktuellen Befragungen ist die Enttäuschung über die herrschende Politik immens; sie reicht bis hin zu Wut und Hass gegenüber politischen Akteuren. Die Befragten sehen ihre Interessen abgewertet oder ignoriert, fühlen sich mit ihren Sorgen alleingelassen. Die

»Repräsentationslücke« ist größer geworden. War es in früheren Jahren die SPD, von der man sich »im Stich gelassen« fühlte, sticht heute eine teilweise an Aggression grenzende Haltung gegenüber den »Grünen« heraus. Das Misstrauen in die überkommenen Strukturen demokratischer Willensbildung und Institutionen – als Resonanzboden für Anti-Establishment-Haltungen – scheint sich verstärkt und erweitert zu haben. Ein »wir hier unten« – der »einfache, hart arbeitende Arbeiter« – gegen »die da oben« – die Eliten, die Politiker, die Medien (»Lügenpresse«) oder schlicht »das System« – findet darin seinen Ausdruck. Das Versagen der Politik in Zeiten systemischer Krisen ist ein Einfallstor der radikalen Rechten, auch wenn diese keine überzeugenden Lösungsansätze vorlegen können.

Das Themenspektrum der Rechten ist weit gesteckt: von der Migration als »Mutter aller Probleme« bis zum »Bürgergeld« als Prämie für »Leistungslose«. Betrieblicher Rassismus, das bestätigen unsere ersten Befragungen, ist verpönt, aber Wohlfahrtschauvinismus ist umso mehr vertreten. Wir beobachten eine Öffnung der betriebsöffentlichen Diskursräume nach rechts, bei gleichzeitiger Engführung des Mandats der Gewerkschaft, deren Vertreter sich aus politischen Fragen heraushalten sollten. Man unterstützt den ver.di-Personalrat oder IG Metall-Betriebsrat, votiert im Betrieb aber dafür, dass keine Ausgrenzung nach »Rechts« vorgenommen wird. Gleichzeitig kritisiert man Gewerkschaftsvertreter und Betriebsräte, weil sie in Verhandlungen zu eng mit der Betriebsleitung kooperierten und sich vom »einfachen Arbeiter« entfremdet hätten. Dabei werden Positionen bezogen, die nicht unisono, aber im einen oder anderen Fall als rechtspopulistisch bis rechtsextrem eingeordnet werden können. Es geht darum, dass zwischen demokratischen und antidemokratischen Auffassungen mitunter kein Substanzunterschied mehr gemacht wird. Deutlich wird, dass nicht die Anwandlungen von Rechtsextremismus selbst, sondern die Aufweichung von Abgrenzungen, Distanzen, Brandmauern einen großen Übergangsbereich geschaffen hat, in dem es nicht mehr um ein Entweder-Oder, sondern Sowohl-als-auch geht. Auch dort, wo es keine rechtsextremen Organisierungsversuche im Betrieb gibt, hat doch deren Gedankenwelt Einzug gehalten.

These 8
Nicht in erster Linie über Organisationserfolge, sondern über Infiltration erfolgt machtpolitische Einflussnahme im Betrieb

In der Arbeitswelt sind rechtsextreme Geländegewinne nicht zwangsläufig und möglicherweise auch weniger an organisatorisches Vorankommen gebunden. Eigene Listen bei Betriebsratswahlen sind bis heute eine Ausnahme. Die AfD und ihr nahestehende Plattformen mussten zur Kenntnis nehmen, dass auch mit erheblichem propagandistischem Aufwand in betrieblichen Kontexten nur schwer voranzukommen ist.

Ein verdecktes und subversives Vorgehen für den Auftritt des Rechtspopulismus in den Betrieben ist weiterhin kennzeichnend. Zwar wird von einer Zunahme rechter Meinungsäußerungen und Aktivitäten gesprochen, offene Aktivitäten von AfD-Mitgliedern bleiben bislang jedoch Einzelfälle. Die Hauptinterventionsachse wird bestätigt: die intensive Nutzung sozialer Medien durch die Rechten. Beides führt dazu, dass es auf der Erscheinungsebene der betrieblichen Öffentlichkeit ruhig zu sein scheint, während es darunter kräftig brodelt.

In den aktuellen Interviews mit Gewerkschaftssekretären wird diese subversive Infiltration rechter Orientierungen als große Gefahr bezeichnet – zumal diese Infiltration nicht vor Gewerkschaftsmitgliedern haltmacht. In den Betrieben, aber auch in gewerkschaftlichen Gremien und Diskussionsrunden tauchen »Elemente rechter Gesinnung« auf. Sie werden in der Regel nicht in direkter Verbindung mit AfD-Argumenten geäußert, folgen eher dem Mainstream rechtsorientierter Meinungen. Dennoch wird vermutet, dass der Prozentsatz von AfD-Wähler*innen in den Betrieben und auch unter Gewerkschaftsmitgliedern zugenommen hat. Dabei gäbe es deutliche Unterschiede zwischen Arbeiter- und Angestelltenbelegschaften.

Hintergrund ist die beschriebene Normalisierung, die mit dem Siegeszug der AfD durch die Parlamente zugenommen hat. Das erschwert die Ausgrenzung durch Gewerkschaften, die mit dem Verweis auf die demokratische Legitimierung umgehen müssen.

Dort, wo die Rechten sich mit eigenen Listen an Betriebsratswahlen beteiligt haben und auch einige Betriebsratssitze erobern konnten, beteiligen sie sich kaum an der Gremienarbeit des Betriebsrats. Häufig spielen sie in den Werken eine inszenierte Rolle als »Kümmerer« für die kleinen Probleme der »kleinen Leute« und können so durchaus Sympathie und Unterstützung bei einem Teil der Belegschaft finden. Sie nutzen geschickt die Defizite von Betriebsratsarbeit auch in Großbetrieben aus, wenn diese zu stark auf Gremienarbeit reduziert wird und in Gefahr gerät, den Kontakt zu den Beschäftigten vor Ort zu verlieren. Kolleg*innen schätzen, dass in den von ihnen überschaubaren Bereichen ca. ein Fünftel der Beschäftigten zu Sympathisant*innen der radikalen Rechten geworden ist.

These 9
Demokratische Beteiligung wirkt als Gegengift gegen rechte Orientierungen – Notstand der Demokratie

Die Arbeitswelt war und ist von Anbeginn des Kapitalismus der Ort systemimmanenter Subordination und Fremdsteuerung. Die kapitalistische Eigentumsordnung ist nicht demokratieoffen. Investitionsentscheidungen und damit Festlegungen über Beschäftigungs- und Arbeitspolitik folgen nicht einem demokratischen Mandat, sondern dem kategorischen Imperativ der Gewinnmaximierung. Die Erfahrung von Kontrollverlusten, fehlender Anerkennung und sozialer Desintegration sowie die Gefühle von Verunsicherung, Bedrohung und Verlust speisen sich vielfach aus der mangelnden Möglichkeit, auf die eigene Lebenslage und Arbeitssituation Einfluss zu nehmen (vgl. WSI 2024, Kiess et al. 2023, Bose 2023). In unseren aktuellen Befragungen paart sich die Enttäuschung über die Hilflosigkeit der Politik (im doppelten Sinne: »hat nichts zu sagen« und »hat keine Antworten«) mit der teilweisen Erfahrung von »Hilflosigkeit« im Betrieb, sei es bei Verlagerungen, Reorganisations- und Rationalisierungsprozessen, Belegschaftsabbau sowie beim großen Thema »Transformation«. Die Erfahrung, keinen wirklich verändernden Einfluss »auf den Gang der Dinge« zu haben, verstärkt zunächst Ohnmachts- und Abwertungsgefühle, aus denen sich im Weiteren anti-demokratische, autoritäre Einstellungen entwickeln können. Exemplarisch ein Betriebsrat, den wir auf wirtschaftsdemokratische Initiativen ansprachen: Er lehnt sie ab, weil er sich nicht vorstellen kann, wie Gewerkschaften unter den obwaltenden Umständen tatsächlich noch ein Gegengewicht bilden, und weil er befürchtet, mit der Forderung nach Einflussnahme auf Investitionen letztlich nur in die Pflicht für Management(fehl)entscheidungen genommen zu werden. Anders formuliert: »Die politische Deprivation, das Gefühl keinen Einfluss auf die Politik zu haben, korreliert stark mit Industrial-citizenship-Erfahrungen, das heißt fehlende demokratische Erfahrungen in der Arbeitswelt gehen mit generalisierter Politikverdrossenheit einher.« (Kiess et al. 2023: 49). Und umgekehrt: Mit Erfahrungen von Handlungsfähigkeit in der Arbeitswelt sinkt die Zustimmung zu extrem rechten Aussagen. »Menschen, die demokratische Erfahrungen am Arbeitsplatz machen, wünschen sich auch seltener diktatorische und antidemokratische Elemente.« (Ebd.: 36).

Historische Ansätze in der Montanindustrie, autoritäre Herrschaft im Betrieb durch eine paritätische Mitbestimmung aufzubrechen, werden gegenwärtig in der Stahlindustrie durch Outsourcing, Verkäufe und Diversifizierung zu Grabe getragen. Die letzte Initiative zur Reform der Betriebsverfassung liegt mehr als ein halbes Jahrhundert zurück und wenig deutet darauf hin, dass der politische Stillstand beendet würde. Das Realinstitut der Mitbestimmung ist »politisch ein Stück weit verbraucht [...], ist Bestandteil des etablierten Systems geworden und steht damit auch für uneingelöste Versprechen, Enttäuschungen und Negativerfahrungen der Unternehmenswirklichkeiten. Wer mit Mitbestimmung eine überzeugende soziale Verbesserungsperspektive eröffnen will, muss das Konzept inhaltlich neu fassen und es für eine andere Zukunft öffnen.« (Schumann/Detje 2011: 78) Konfliktorientierte Anläufe zur Demokratisierung der Betriebe stehen aber nicht auf den oberen Plätzen der gewerkschaftlichen Agenda. Doch darum ginge es, um nicht in die Falle jener Establishmentkritik zu fallen, die die radikale Rechte auch in der Arbeitswelt anstimmt. Dort, wo sie sich betriebsöffentlich zu Wort meldet, versucht sie, Betriebsräte als abgehobene Co-Manager zu diskreditieren, die ihr interessenspolitisches Mandat aus dem Blick verloren hätten. Dies geht zwar weit an den betrieblichen Realitäten vorbei, verfängt aber dennoch in Belegschaftsteilen.

Die Demokratiefrage muss neu ausgerichtet werden. Nicht die Losung »Demokratie darf vor dem Werktor nicht enden«, sondern die Losung, »Demokratie muss aus der Arbeitswelt heraus neu geschaffen werden«, ist damit gemeint. Untersuchungen zeigen in breiter Übereinstimmung, dass unter abhängig Beschäftigten das Know-how wie auch der Wille zu Partizipation und Selbststeuerung vorhanden ist – und bis heute weitgehend brach liegt. Individuelle und kollektive Selbstermächtigung wäre ein Ansatz für soziale Demokratie, die sich nicht mit der Erschöpfung der politischen Repräsentativorgane abfindet. Wenn wir Demokratisierung fordern, geht es um Erfahrungen der Selbstwirksamkeit in kollektiven Zusammenhängen als Gegengifte gegen rechten Autoritarismus.

Für Demokratiefragen gilt noch mehr als in anderen politischen Feldern, dass sie mit Machtressourcen unterlegt sein müssen. Die Machtpolitik der radikalen Rechten erfordert Neuanläufe – jenseits von kämpferischer Festtagsrhetorik. Demokratiepolitik zielt auf erfahrbaren Machtgewinn. Hier hat sich in knapp einem Jahrzehnt einiges getan: erweiterte Beteiligungsangebote, Kampagnenorientierung in der Betriebs- und Tarifpolitik, aktivierende Beschäftigtenbefragungen, Stärkung der Vertrauensleutearbeit, insgesamt mehr Sichtbarkeit von Gewerkschaften im Kampf gegen die radikale Rechte. Auch in unseren Befragungen sind wir auf regionale Gewerkschaftsgliederungen gestoßen, die mit einer konfliktorientierten Strategie der demokratischen Beteiligung in ihren tariflichen Auseinandersetzungen Erfolge im Kampf gegen die radikale Rechte im Betrieb aufweisen können. Vor allem gelingt es ihnen mit mobilisierender Politik, offensive Positionen gegen »Stimmungen« einzunehmen, die im Feld der radikalen Rechten angesiedelt sind. Uns wird berichtet, wie schwer das ist, insbesondere dann, wenn Gewerkschaftssekretäre aufgefordert werden, Themen wie »Asyl- und Flüchtlingspolitik« oder »Bürgergeld« tunlichst auszusparen, weil das Betriebsversammlungen »sprengen« würde. Der Angst vor Mitgliederverlusten nicht nachzugeben, fällt schwer. Mehr Wirksamkeit von Unten – u.a. durch den Ausbau von Vertrauensleute-Strukturen – kann helfen.

Und eine positive geschichtliche Erfahrung der IG Metall kann richtungweisend sein. 1964 war die NPD gegründet worden, die ab 1966 in zahlreiche Landesparlamente einzog. Als dann schließlich 1968 eine Große Koalition von Christ- und Sozialdemokraten mit Notstandsgesetzen einschneidende Einschränkungen demokratischer Freiheitsrechte im Bundestag verabschieden ließ, stand eine breite zivilgesellschaftliche Oppositionsbewegung dagegen. Die IG Metall spielte dabei eine entscheidende Rolle. Die Komitees »Notstand der Demokratie« als Orte von Bündnissen von gewerkschaftlichen Interessenvertretern mit zivilgesellschaftlicher Öffentlichkeit, Studentenbewegung, Kulturschaffenden und kritischen Intellektuellen wurden maßgeblich vom IG-Metall-Vorsitzenden Otto Brenner gefördert. Aufgrund ihrer organisatorischen, finanziellen und personellen Unterstützung gewann die IG Metall gesellschaftlich an Profil, Ansehen und politischer Glaubwürdigkeit.

Die heutigen Verhältnisse sind andere. Aber gerade das spricht für eine Wiederaufnahme des Komitee-Ansatzes. Knapp 90% der Wähler*innen hatten 1965 für die beiden Parteien der Großen Koalition gestimmt, gegen deren »Notstandsstaat« (Kogon et al. 1965) die IG Metall opponierte. Heute bringen es Christ- und Sozialdemokraten noch nicht einmal auf die Hälfte des Elektorats. Angesichts des Glaubwürdigkeitsverlustes der einstigen »Volks«-Parteien und des Vormarsches der radikalen Rechten macht es Sinn, in Gewerkschaften über die tatkräftige Unterstützung einer breiten Oppositionsbewegung, wie sie sich im Frühjahr 2024 auf Straßen und Plätzen gegen die AfD zusammengefunden hatte, neu zu befinden. Denn: »Demokratie ist [...] jene gesellschaftliche Lebensform, die sich nicht von selbst herstellt, sondern gelernt (und gelebt, d.V.) werden muss.« (Negt 2010: 174)

Literatur

Bauman, Zygmund (2016): Die Angst vor den anderen. Ein Essay über Migration und Panikmache, Berlin.

Bauman, Zygmund (1996): Gewalt – modern und postmodern: In: Miller, Max/Soeffner, Hans-Georg (Hrsg.): Modernität und Barbarei. Soziologische Zeitdiagnose am Ende des 20. Jahrhunderts. Frankfurt a.M., S. 36–67.

Becker, Karina/Dörre, Klaus/Reif-Spirek, Peter (Hrsg.) (2018): Arbeiterbewegung von Rechts? Ungleichheit – Verteilungskämpfe – populistische Revolte, Frankfurt a.M./New York.

Bose, Sophie (2023): Gewerkschaften und Rechtspopulismus in Europa. Länderstudie Deutschland. Friedrich-Ebert-Stiftung, Bonn.

Detje, Richard/Sauer, Dieter (2023): Solidarität in den Krisen der Arbeitswelt. Aktualität kollektiver Widerstandserfahrungen, Hamburg.

Dörre, Klaus (2020): In der Warteschlange. Arbeiter:innen und die radikale Rechte, Münster.

Dörre, Klaus (2019): Umkämpfte Globalisierung und soziale Klassen. 20 Thesen für eine demokratische Klassenpolitik, in: Candeias, Mario/Dörre, Klaus/Goes, Thomas E.: Demobilisierte Klassengesellschaft und Potenziale verbindender Klassenpolitik. Beiträge zur Klassenanalyse (2), Rosa Luxemburg Stiftung, Berlin, S. 11–56.

Frankenberg, Günter/Heitmeyer, Wilhelm (Hrsg.) (2022): Treiber des Autoritären. Pfade von Entwicklungen zu Beginn des 21. Jahrhunderts, Frankfurt a.M./New York.

Heitmeyer, Wilhelm (Hrsg.) (2011): Deutsche Zustände. Folge 10, Berlin.

Hövermann, Andreas (2023): Das Umfragehoch der AfD. Aktuelle Erkenntnisse über die AfD-Wahlbereitschaft aus dem WSI-Erwerbspersonenpanel, WSI-Report Nr. 92, Düsseldorf.

Kiess, Johannes/Wesser-Saalfeld, Alina/Bose, Sophie/Schmidt, André/Brähler, Elmar/Decker, Oliver (2023): Arbeitswelt und Demokratie in Ostdeutschland. Erlebte Handlungsfähigkeit im Betrieb und (anti)demokratische Einstellungen. OBS Arbeitspapier 64, Frankfurt a.M.

Kiess, Johannes/Schmidt, André/Bose, Sophie (2022): Konfliktwahrnehmungsmuster der abhängig Beschäftigten in Deutschland, in: Decker, Oliver/Kiess, Johannes/Heller, Ayline/Brähler, Elmar (Hrsg.): Autoritäre Dynamiken in unsicheren Zeiten. Leipziger Autoritarismus-Studie, Gießen, S. 271–301.

Kogon, Eugen/Abendroth, Wolfgang/Ridder, Helmut/Hannover, Heinrich/Seifert, Jürgen (1965): Der totale Notstandsstaat, Frankfurt a.M.

Kohlrausch, Bettina (2024): Demokratie in Arbeit. Erwerbsarbeit als demokratischer Erfahrungskontext. WSI-Kommentar 01, März, Düsseldorf.

Mau, Steffen/Lux, Thomas/Westheuser, Linus (2023): Triggerpunkte. Konsens und Konflikt in der Gegenwartsgesellschaft, Berlin.

Negt, Oskar (2010): Der politische Mensch. Demokratie als Lebensform, Göttingen.

Sauer, Dieter/Stöger, Ursula/Bischoff, Joachim/Detje, Richard/Müller, Bernhard (2018): Rechtspopulismus und Gewerkschaften. Eine arbeitsweltliche Spurensuche, Hamburg.

Schnetzer, Simon/Hampel, Kilian/Hurrelmann, Klaus (2024): Jugend in Deutschland 2024.

Schumann, Michael/Detje, Richard (2011): Demokratisierung der Wirtschaft »von unten« – ein neuer Anlauf für Systemkorrekturen, in: Meine, Hartmut/Schumann, Michael/Urban, Hans-Jürgen (Hrsg.): Mehr Wirtschaftsdemokratie wagen!, Hamburg.

Westheuser, Linus (2024): »Der Begriff der Arbeit wird gerade von rechts besetzt«, ZEIT-online, 1. Februar; www.zeit.de/kultur/2024-01/arbeitskampf-debatte-verteilungskonflikt-rechts-spd.

WSI (2024): Nach vier Jahren multipler Krisen: Deutsche Gesellschaft »verunsichert, aber nicht erschüttert«. Erwerbspersonenpanel der Hans-Böckler-Stiftung, Pressedienst 3.4.2024, Düsseldorf.

Zick, Andreas/Küpper, Beate/Mokros, Niko (2023): Die distanzierte Mitte. Rechtsextreme und demokratiegefährdende Einstellungen in Deutschland, Bonn.

Je mehr Beteiligung, desto weniger rechte Einstellungen

Erfahrungen aus dem Werk Volkswagen-Baunatal
Interview mit Carsten Büchling und Rhonda Koch[1]

Wie schätzt ihr den Einfluss der AfD auf die Belegschaft derzeit ein? Wann und wie hat das angefangen und gibt es da Veränderungen? Wie agieren die rechten Kräfte bei euch im Werk und in der Region, wo die Kolleginnen und Kollegen wohnen?

Das Volkswagenwerk Kassel ist zunächst einmal ein Spiegel der Gesellschaft. Insofern ist anzunehmen, dass der Anteil an AfD-Sympathisant*innen und -Wähler*innen auch in unserem Werk zugenommen hat. Für unsere betriebliche Arbeit ist daher essenziell, die politische Entwicklung in unserem Einzugsgebiet eng nachzuverfolgen. Besorgniserregend ist hier, dass das Potenzial der AfD im Umkreis von unserem Werk deutlich über dem Hessentrend liegt, wenn man sich das Wahlverhalten zur Hessenwahl 2023 anguckt. In der Stadt Baunatal selbst lag die AfD bei 21,8% und konnte damit über 10 Prozentpunkte zulegen. Die SPD hingegen hat über 17 Prozentpunkte in der letzten Wahl verloren und liegt heute bei knapp 30%. Eine ähnliche Entwicklung sehen wir im Schwalm-Eder-Kreis und im Wahlkreis Kassel Land II, aus denen die Mehrzahl unserer Beschäftigten kommen.[2]

Bisher konnten wir nicht feststellen, dass die AfD strategisch auf die Anliegen unserer Kolleg*innen orientiert, sondern zumindest derzeit noch in ihrer Öffentlichkeitsarbeit ihren Schwerpunkt in der Ansprache der Landwirte hat. Zugleich sind einige unserer Kolleg*innen auch nebenberuflich in der Landwirtschaft tätig. An einer Autobahneinfahrt zum Werk beispielsweise sind große Heuballen aufgestellt mit der klassischen Anti-Ampel-Hetze. Ob diese von der AfD selbst aufgestellt worden sind, können wir nicht beurteilen. Jüngst hat eine

---

1 Geführt von Klaus Pickshaus.

2 Vgl. www.hessenschau.de/politik/landtagswahl/ergebnisse/ergebnisse-fuer-baunatal--landtagswahl-hessen-2023-v1,ltwhe23-kommune-g06633003-ergebnis-100.html.

AfD-Landtagsabgeordnete, die Ehefrau eines ranghohen AfD-Funktionärs, mit uns Kontakt aufgenommen, weil sie kritisierte, die Gewerkschaft würde Flyer verteilen, die gegenüber der AfD diskriminierend seien. Dieser Flyer stammte aus anderen Kreisen. Aber es zeigt, dass die AfD auch auf unseren Betrieb ein Auge geworfen hat. Festzuhalten ist, dass ein weiterer Aufwärtstrend der AfD sich auch im Werk niederschlagen kann.

Zentral: Betriebliche Mitbestimmung

Es gibt jedoch auch einen entscheidenden Unterschied von unserem Werk zu einem üblichen Wahlkreis: Die betriebliche Mitbestimmung. Sie verstehen wir als Herzstück unserer Arbeit als Betriebsrat und als Gewerkschaft. Als einziger Standort von Volkswagen organisieren wir in Kassel beispielsweise nicht nur zwei große Betriebsversammlungen im Jahr für alle Beschäftigten. Wir organisieren zusätzlich zweimal im Jahr dezentrale Betriebsversammlungen. Unser Ziel ist, dass wir möglichst viel im Dialog mit den Kolleg*innen stehen und uns nicht nur – wie bei den großen Betriebsversammlungen – über hallenübergreifende Entwicklungen austauschen, sondern die spezifischen Anliegen der Kolleg*innen aus den einzelnen Bereichen Gehör finden.

Zentral für die Herstellung dieses Dialogs auch zwischen den Betriebsversammlungen ist darüber hinaus die Arbeit der 700 Vertrauensleute der IG Metall im Betrieb. Für sie gibt es ein besonderes Qualifizierungsprogramm, das die Vertrauenskörperleitung aufsetzt. Das beinhaltet unter anderem Tagesschulungen im Werk, Wochenendseminare und auch Wochenseminare, die die Kolleg*innen als Bildungsurlaub beantragen können. Wir haben derzeit kein explizites Programm zum Umgang mit rechten Gesinnungen im Betrieb für unsere Vertrauensleute, aber die Strukturen für derlei Weiterbildungen liegen bereit. Unsere Hoffnung ist, dass wir durch solche und andere Wege der betrieblichen Weiterbildung, Rückkopplung und Mitbestimmung der Rechtsentwicklung entgegenwirken können. Das hat auch die Studie der Otto-Brenner-Stiftung »Erfahrungen demokratischer Handlungsfähigkeit am Arbeitsplatz« aus dem Jahr 2023 gezeigt: Demokratische Teilhabe reduziert menschenfeindliche Einstellungen.

Ein typisches Einfallstor für die extreme Rechte ist ja – das zeigen verschiedene Befragungen und Untersuchungen – die Mischung aus Abstiegsängsten, Vertrauensverlust in die Politik und eigene Ohnmachtsgefühle. Registriert ihr in der Belegschaft solche Stimmungen, also z.B. auch Gefühle der Verletzung von Würde, der mangelnden Anerkennung, Angst vor Verlust von Schutz (durch Tarif, betriebliche Regelungen usw.)?

Unser Eindruck von den Gesprächen mit den Kolleg*innen ist, dass sie keine Unsicherheiten haben in Bezug auf ihre Beschäftigung bei VW. Das ist das Resultat unserer tarifpolitischen Arbeit aus den vergangenen Jahren. Als IG Metall haben wir mit dem Volkswagen-Konzern eigene Tarifverträge. Darunter unter anderem auch den sogenannten Zukunftstarifvertrag, der vor betriebsbedingten Kündigungen bis 2029 schützt. Unsere Wahrnehmung von den Kollegen deckt sich auch mit der Studie, die Klaus Dörre und sein Team letztes Jahr bei uns im Werk durchgeführt haben. Das Ergebnis ihrer Befragung war unter anderem, dass trotz des absehbaren Stellenabbaus wenig Angst vor Arbeitsplatzverlusten vorherrscht. Im Bereich der Abgasanlagen-Fertigung, die es nicht mehr lange am Standort geben wird, werden bereits jetzt und auch perspektivisch alle dort arbeitenden Kolleg*innen für die Herstellung von E-Antrieben qualifiziert und umgeschult. Das schafft Vertrauen in die Transformation im Werk. Nichtsdestotrotz gibt es natürlich Kolleg*innen, die ein Unbehagen gegenüber der Transformation und auch gegenüber der E-Mobilität haben. Die Wissenschaftler*innen aus Jena haben das so zusammengefasst: »Weil die Transformation politisch vorgegeben ist und möglicherweise bedroht, was das eigene Leben angenehm macht, wird sie von Teilen der Belegschaften als zusätzliche Verunsicherung erlebt oder gar als Eingriff in individuelle Freiheiten betrachtet. Der Wandel geht vielen zu rasch. Dementsprechend widersprüchlich sind die Haltungen der Belegschaften zu Antriebswende und E-Mobilität.«[3] Besonders kritisch sehen solche Kolleg*innen die Antriebswende, die direkt in der Produktion, wir sagen dazu »auf dem Hallenboden«,

[3] Dörre, Klaus et al. (2023): Klasse gegen Klima? Transformation in der Autoindustrie, in: Berliner Journal für Soziologie, unter: doi.org/10.1007/s11609-023-00514-z.

arbeiten. Das ist ein Auftrag für uns, diese Kolleg*innen in der Transformation besonders zu unterstützen. Und das bedeutet auch, ihre bisherige Arbeit anzuerkennen, sie wertzuschätzen.

Auf die Automobilindustrie – und damit auch euer Werk – kommen gewaltige Veränderungen zu, sind schon längst im Gange. Dass damit auch Ängste und Sorgen bei vielen Menschen verbunden sind, ist ja verständlich. Die AfD greift diese Gefühle demagogisch auf und inszeniert sich als Bewahrer der »guten alten Zeit«, in der die Welt vermeintlich noch in Ordnung war, die es tatsächlich aber so gar nicht gab. Gibt es das bei euch auch? Wie setzt ihr euch damit auseinander?

Wir versuchen das Gegenteil. Wir wollen Vertrauen in eine starke Gewerkschaft und damit in eine gute Zukunft für alle aufbauen, auch oder gerade, weil wir hier enorme Beschäftigungspotenziale sehen. Deswegen geht es uns um eine offensive Beschleunigung der Veränderungsdynamik. Wir wollen, dass die Umstellung vom Verbrenner auf die Elektroantriebe schneller umgesetzt wird, denn das schafft auf lange Sicht Beschäftigungssicherung an unserem und allen anderen Standorten. Was derzeit viel mehr Unruhe schafft, ist der langsame Weg nach vorn und das ständige Infragestellen der Transformation seitens der konservativen politischen Parteien.

Dass uns das derzeit ganz gut gelingt, zeigt auch eine Studie von Prof. Pfeiffer von 2023 zu »Arbeit und Qualifizierung bei VW«, die bei den Beschäftigten bei VW eine grundlegende Transformationsbereitschaft festgestellt hat. Aber auch hier sind wir uns natürlich im Klaren, wie diese Befragung ebenso herausgestellt hat, dass Veränderung immer auch Abschied von Bekanntem bedeutet: »schmerzhafte Abschiede von Bereichen mit Tradition und voller gelebtem Produzierendenstolz, von gewachsenen Teams in jahrelang gelebtem und kollegialem Miteinander; individuelle Unsicherheiten und Sorgen des Ob und des Wie; zeitweise holprige Umsetzungen mit unerwarteten Rückschlägen und individuell auszuhaltenden Enttäuschungen.«[4] Außerdem, wer von der »guten alten Zeit« bei Volkswagen schwärmt, der muss sich auch der Rolle

[4] Pfeiffer et al. (2023) Arbeit und Qualifizierung 2023; www.labouratory.de/files/downloads/AQ2030-Studie-Highlights-DE.pdf.

vom Unternehmen zur Zeit des Faschismus im Klaren sein. In Kassel erinnern wir beispielsweise mit einem Gedenkstein an die zur Zwangsarbeit gezwungenen Kolleg*innen von damals. Diese und andere Erinnerungsarbeit ist in Zeiten wie diesen, wo eine vermeintlich schöne Zeit heraufbeschworen wird, essenziell, denn sie legt auch die Gewerkschaftsfeindlichkeit solcher politischen Spektren offen.

Manchmal verbinden sich Wut und Frust mit dem rebellischen Gestus gegen »die da oben«, gegen »das Establishment«, gerne auch gegen die Klimabewegung, die Grünen, die Ampel. Wie schätzt ihr das für Baunatal ein?

Einen derart rebellischen Gestus, von Toiletten-Schmierereien einmal abgesehen, erleben wir derzeit nicht im Werk. Gleichwohl ist uns bewusst, dass Arbeitszeitverdichtung, Leistungsanforderungen und anderes sich auf das eigene Verhältnis von Arbeit und Freizeit auswirken. Und vor diesem Hintergrund ist es sehr einleuchtend, wie Dörre et al. stark gemacht haben, dass gerade mit Blick auf die freie Zeit nach der Arbeit, die Beschäftigten sich nichts »vorschreiben« lassen wollen. Dass in diesem Kontext eine Kritik an »den Grünen«, die größtenteils als Verbotspartei wahrgenommen wird, gedeihen kann, ist vorstellbar.

Parteilichkeit aufseiten der Beschäftigten

Im Management gibt es inzwischen ein Leitbild von grünem Wachstum, E-Mobilität und Klimaverträglichkeit. Der Betriebsrat tritt ein für nachhaltige Verkehrssysteme und reduzierten Autoverkehr. Viele Beschäftigte »am Hallenboden« sehen das mit Ablehnung und Misstrauen, wollen langsamere und weniger radikale Veränderungen. Gibt es das bei euch auch, und könnte das nicht der extremen Rechten den Vorwand liefern, eine Kumpanei von Management und Betriebsrat/IG Metall zu konstruieren, also beide als Teil »des Establishments« darzustellen?

Wir verstehen unsere Rolle als Betriebsrat nicht als die des Schiedsrichters. Wir stehen parteiisch auf der Seite der Beschäftigten. In dieser Parteilichkeit kann es dennoch sinnvoll sein, Wege der Kooperation mit dem

Management zu gehen. In Kassel arbeiten wir mit der Standortstrategie des »Kasseler Wegs«. Wir haben uns hier mit dem Management auf drei Säulen der Standortpolitik geeinigt: die der Wirtschaftlichkeit, der sozialen Verantwortung und des Umweltschutzes. In diesem Sinne sind wir als Betriebsrat unter anderem einbezogen in die Mitbestimmung bei Zukunftsprodukten unseres Standortes. Erst letztes Jahr haben wir als Betriebsrat maßgeblich dazu beigetragen, verbindliche Zusagen des Konzerns für zentrale Zukunftsprodukte zu bekommen.

Gibt es bei euch so etwas wie eine »stille Minderheit«, die für die Gleichbehandlung der AfD ist (ein gängiges Muster: »ausgerechnet die einzige Oppositionspartei wollen sie mundtot machen!«) und die von der IG Metall parteipolitische Neutralität verlangt? Ist das eine Protesthaltung, die die Wahl der AfD nahelegt bzw. der AfD nahestehende BR-Kandidaten?

Wir verstehen die IG Metall als eine politische Organisation, die in ihrer Satzung die Grundwerte von Solidarität und Vielfalt verankert hat. Parteien, die diesen Grundwerten widersprechen, widersprechen damit der Satzung unserer Organisation. Als IG Metall und als Betriebsrat zeigen wir der AfD daher eine klare Rote Karte. Für uns ist die AfD eine Gegnerorganisation. Anfang diesen Jahres haben wir bereits zweimal zu Kundgebungen für Demokratie und gegen Hass und Hetze mit aufgerufen.

Sicherlich gibt es in unserem Werk Kolleg*innen, die eine andere Einstellung haben. Aber als Gewerkschafter müssen wir sie davon überzeugen, dass jede Form von Spaltung die Gewerkschaft und damit die Durchsetzungsfähigkeit unserer Interessen als Arbeitnehmer schwächt.

Das ist eine sehr komplexe Problemlage. Wie agiert ihr als Betriebsrat und gewerkschaftlich Aktive angesichts dieser schwierigen Situation?

Wir handeln nach der Maxime: Je mehr Beteiligung, desto weniger rechte Einstellungen und umso stärker die Gewerkschaft im Betrieb!

Demokratieerfahrung und Selbstermächtigung

Erfahrungen, die der Rechten zuwiderlaufen

Interview mit Thomas Knabel[1]

Protest wirkt – wie die breite Mobilisierung gegen die AfD zu Beginn 2024. Der organisierte Rechtsextremismus hat durch Gegenöffentlichkeit von unten Federn lassen müssen. Dennoch gelingt es der AfD, sich als zweitstärkste Oppositionspartei zu behaupten, in den ostdeutschen Bundesländern gar als Regierungspartei in Lauerstellung. In Sachsen lieferte sie sich bis zu den Landtagswahlen im September 2024 ein Kopf-an-Kopf-Rennen mit der CDU als führende politische Kraft. In Zwickau war sie das bereits bei der letzten Bundestagswahl mit einem Viertel der Wählerstimmen. Wie ist das zu erklären?

Auch in Zwickau gibt es reaktionäre und rechte Antworten auf die aktuellen Krisensituationen. Die besondere Situation besteht darin, dass unsere Region vor allem vom Automobil geprägt ist. Das Zwickauer Fahrzeugwerk ist das erste Werk weltweit, das vom Vollständig-Verbrenner-Antrieb auf Vollständig-Elektro-Antrieb umgebaut wurde. Das war in den letzten Jahren mit einem immensen Beschäftigungsaufbau verbunden, auch in der gesamten Zulieferindustrie. Gegenwärtig bereitet der schleppende Absatz massive Probleme. Die Gefahr von Betriebsschließungen oder die Frage, was sich tatsächlich als Zukunftsprodukt erweist und welche Unternehmensstrategie Arbeitsplätze sichert, prägt den gewerkschaftlichen Alltag.

Wir leben gleichsam in einer Transformation 2.0. Zur Vorgeschichte gehört jene Transformation, die schlicht und irreführend mit dem Begriff »Wende« belegt worden ist. In deren ersten Phase hat man das schlichtweg dem Markt überlassen, exekutiert von einer Bundesbehörde namens Treuhand. Arbeitslosigkeit auf breiter Front war die Folge. Daran schloss sich eine zweite Phase an, in der man sich auf politische Steuerungsmöglichkeiten besann, was für den Erhalt von Industriestandorten in Sachsen wichtig war.

---

[1] Das Gespräch führten Richard Detje und Klaus Pickshaus.

In diesem Spannungsverhältnis von Markt- und Politiksteuerung bewegen wir uns immer noch. Gewerkschaften waren und sind für diese – auch konfliktorische – Gestaltung, die Sicherung von Arbeitsplätzen, für Zukunftsgestaltung maßgeblich aktiv und übernehmen Verantwortung. Im Grunde ist das das beherrschende politische Thema in der Gesellschaft, wie auch im Betrieb: In welche Richtung geht die Zukunft?

Ergebnisse der Betriebsratswahlen 2018 und 2022

Dann lass uns von der allgemeinen Politik auf die Situation in den Betrieben kommen. Wie schnitten Vertreter der extremen Rechten bei den letzten Betriebsratswahlen ab?

Bei der vorletzten Betriebsratswahl 2018 bei VW Zwickau ist es erstmalig passiert, dass ein Einzelkandidat, quasi ein »Kollege« gegen die Liste der IG Metall angetreten ist, den wir zunächst nicht zuordnen konnten. Die Methode war offenbar, sich als »kritischer« Geist einzuschleichen – es gab sogar das Gerücht, die IG-Metall-Betriebsräte hätten ihn mobilisiert, damit es sicher zur Listenwahl kommt. Erst später outete er sich außerhalb des Betriebes als Vertreter von »Zentrum Automobil«.

Jenem AfD-nahen »Zentrum Automobil«, dem es erstmalig bei Daimler in Untertürkheim gelang, in den Betriebsrat einzuziehen?

Ja, mittlerweile hat Zentrum den Zusatz »Automobil« gestrichen, weil man sich auch anderen Branchen öffnen will. Volkswagen ist mit seinen drei Betrieben in Zwickau, Chemnitz und Dresden nicht nur der größte Arbeitgeber in Sachsen, mit einem Organisationsgrad oberhalb von 90% auch das gewerkschaftliche Herz in Sachsen, zumindest für die IG Metall. Dazu gehören 37 freigestellte Betriebsräte und über 400 gewerkschaftliche Vertrauensleute. Insgesamt ein ziemlich ausgefeiltes System.

Trotz dieses Systems war der Kandidat erfolgreich. Wie viele Stimmen hat der einsame Reiter auf sich gezogen?

Er profitierte ohne große Mühe von einem bestimmten Unmut in der Belegschaft, wie auch von Kritik an bestimmten Entscheidungen des Betriebsrats und der IG Metall und konnte 20% der abgegebenen Stimmen auf sich vereinen. Unserer Auswertung nach war vermutlich nur einem kleinen Kreis bekannt, wer da kandidiert. Trotzdem war es natürlich eine Zäsur. Wir wurden empfindlich getroffen. Dort, wo wir eigentlich stark sind, im Zentrum in der industriellen Wertschöpfung. Der Angriff von rechts war aber vor allem auf unser gewerkschaftliches Zentrum gerichtet.

Das haben wir verstanden. Wir haben uns danach schon überlegt, welche neue Kommunikationsstruktur wir brauchen. Wir haben unsere Bildungsveranstaltungen mit den Vertrauensleuten verstärkt, um zu verstehen: Wie kann es sein, dass so jemand, der ohne Programm antritt, 20% bei der Betriebsratswahl erhält?

Nicht ohne Erfolg. Bei der Betriebsratswahl 2022 trat das »Zentrum« zwar mit mehreren Kandidaten an und wiederum versuchten sie es mit der »Tarnung« einer anderen Überschrift. Diesmal nannten sie sich »Bündnis freier Betriebsräte«. Gewinner war hingegen die IG Metall mit einem überragenden Wahlergebnis von 93% der Stimmen.

Aktivierung der Vertrauensleute

Wie ist das zu erklären? Was habt ihr anders gemacht?

Wir haben vor allem die Kolleginnen und Kollegen mehr beteiligt. So haben wir z.B. mit einer Urwahl unter allen Gewerkschaftsmitgliedern die Liste der IG Metall aufgestellt, um dem Wunsch nach demokratischer Mitwirkung Rechnung zu tragen. Die Vertrauensleute waren aktiv in die Tarifrunden einbezogen und es wurde trotz Corona die Integration in die Volkswagen AG und die 35-Stunden-Woche erkämpft. Wir haben also vor allem in der Praxis bewiesen, wozu starke Gewerkschaften notwendig sind und was solidarisches Handeln möglich macht.

Wie war die Reaktion auf die Wahlergebnisse der letzten Betriebsratswahl?

Zunächst einmal wurde die Betriebsratswahl von den Nazis angefochten – unter anderem mit dem Argument, dass der Absturz von 20% auf nur noch 7% im Jahr 2022 nur mit Wahlfälschung und Manipulation zusammenhängen kann. Darauf konzentrierte sich ihre Kampagne mit Videos etc. Gleichzeitig stellten wir anhand ihrer vorgetragenen Begründungen für die Anfechtung fest, dass sie offenbar von Beginn an systematisch und akribisch nach Fehlern gesucht haben, sogar in Fragen und Phasen, wo ihr eigener Vertreter mit am Tisch saß – das sind ihre Methoden, sie unterwerfen sich demokratischen Prozessen nicht, für die sie doch scheinbar eintreten.

Dabei wurden sie von der Untertürkheimer Zentrum-Gruppe um den Nazi Oliver Hilburger unterstützt. Das zeigt zudem: Sie sind eng vernetzt – in der Region und darüber hinaus. Die neuen Betriebsratsmitglieder sind AfD-Spitzenfunktionäre in der Region. Es gab mal einen Unvereinbarkeitsbeschluss der AfD mit dem »Zentrum«, doch das ist Vergangenheit. Sie sind zwar unter dem Label »Bündnis freier Betriebsräte« angetreten, um anschlussfähiger zu sein, kommunizieren aber in der Öffentlichkeit pausenlos unter dem »Zentrum«-Label.

Was sind die thematischen Türöffner? In Untertürkheim lautete jahrelang das Narrativ, Betriebsräte und Gewerkschaftsvertreter würden nur noch mit der Betriebs- und Unternehmensleitung kungeln und sich nicht mehr um die Nöte der »kleinen Leute« kümmern.

Das versuchen sie auch bei Volkswagen. Ihr strategisches Ziel ist, unsere Funktionärinnen und Funktionäre als Teil der sogenannten Etablierten zu diskreditieren. Sie versuchen, Betriebsrat, Gewerkschaft und Management auf eine Stufe zu stellen und damit einen Keil zur Belegschaft aufzubauen. Vereinbarungen mit dem Unternehmen sind in ihrem Verständnis der Beweis für Kungelei und nicht erkämpfte Sicherheit für unsere Kolleginnen und Kollegen.

Soweit wir das überblicken, besteht eine Strategievariante der Rechten darin, sich von den Gremien institutioneller Mitbestimmung fern zu halten, um sich als authentische Interessenvertreter der »einfachen Arbeiter« zu profilieren. Gerade in einem Unternehmen wie Volkswagen wird damit ein Strukturproblem scharfgestellt: Die institutionellen

Mitbestimmungsrechte sind bei VW weitergehender als in anderen Unternehmen; gleichzeitig wird der Vorwurf der Mauschelei, eines Kungelsystems erhoben.

Ja, und dabei bleibt es dann mitunter auch. Sie selbst nehmen die erkämpften Rechte bei Volkswagen wie z.B. ihre Vollfreistellung mit eigenem Büro gerne in Anspruch, prozessieren aber ansonsten permanent gegen die IG Metall-Fraktion. Mit dem Anfechtungsverfahren gegen die Betriebsratswahl nehmen sie im Übrigen die Gefahr einer betriebsratslosen Zeit billigend in Kauf. Ihr Gegner sind wir, nicht die Unternehmensentscheidungen. Sie beklagen sich in der Betriebsöffentlichkeit immer wieder, man würde sie nicht einbeziehen und pflegen damit vor allem ihre Opfergeschichte. Aktives Eintreten für die Belange der Kolleginnen und Kollegen gegenüber dem Unternehmen ist mir nicht bekannt. Es gibt immer mal wieder irgendwelche anonymen Flyer, es gibt immer mal wieder ein Video. Aber sie beteiligen sich nicht an der eigentlichen Betriebsratsarbeit.

Ist das nicht exakt Teil der Strategie? Statt sich in IG Metall beherrschten Gremien Niederlagen abzuholen, stellen sie sich als Vertreter einer vermeintlichen »Basis« dar, kümmern sich um Alltagsprobleme: Ob die Toiletten sauber sind, dass die Kollegen einen Parkplatz kriegen, ums Kantinenessen usw. Ist das auch die Politik in Zwickau?

Kolleginnen und Kollegen berichten, dass sie – auch weil sie sich an der eigentlichen Arbeit kaum bzw. nicht sinnvoll beteiligen – viel Zeit darauf verwenden, Kontakte zu pflegen, zu plaudern usw. In ihrem betrieblichen Mandat als Betriebsrat verweigern sie sich eher in der betrieblichen Öffentlichkeit. Ich kenne Berichte, als einzelne Teams sie eingeladen haben, bei denen sie mal Position beziehen sollten, sie der Einladung aber mit Verweis auf die persönliche Arbeitszeit ferngeblieben sind. Im Moment beschränken sie sich vor allem auf ihre Opferrolle.

Gibt es Rückschlüsse darauf, wer die rechten Kandidaten wählt – nach Abteilungen, Status, Einkommens- oder Altersklassen?

Nein, zum Wahlverhalten können wir nichts Verlässliches sagen. Wir gehen davon aus, dass der Kreis überzeugter rechter und faschistischer Unterstützerinnen und Unterstützer im Betrieb klein ist – aber die gibt es und wir führen die Auseinandersetzung, dass das bei uns nicht geduldet werden darf. Die große Mehrheit der Kolleginnen und Kollegen weiß, warum es richtig ist, Metallerin oder Metaller zu sein, diese Überzeugung und die Werbung für unsere Haltung und Werte gilt es zu stärken!

Gibt es Stadt-Land-Differenzen, Differenzen zwischen Groß- und Kleinbetrieben, oder Betrieben mit bzw. ohne Betriebsrat?

Zwickau hat 88.000 Einwohner. Da ist das Stadt-Land-Gefälle nicht sonderlich ausgeprägt.

Unterscheidet sich die VW-Welt von dem Großteil der Klein- und Mittelbetriebe in und um Zwickau herum?

Viele Zuliefererbetriebe haben im Moment die gleichen Probleme aufgrund des Absatzrückgangs wie Volkswagen. Auch dort kämpfen wir mit den Kolleginnen und Kollegen um gute Vereinbarungen. Gleichzeitig erlebe ich immer wieder, wie der Volkswagenbetriebsrat auch Blick und Verantwortung für die Belegschaften der Zulieferer und die Region übernimmt! Daneben haben wir ein seit über 20 Jahren etabliertes Zulieferernetzwerk der Betriebsräte zur gegenseitigen Info und Hilfe.

Zentral ist praktische Demokratieerfahrung

Handlungsfähig sind wir allerdings immer nur in Betrieben, wo ein Betriebsrat existiert, wir Tarifverträge haben, wir also über Handlungsmacht verfügen. Sachsen ist das Land mit der geringsten Mitbestimmungsquote. Das macht auch um Zwickau keinen Bogen. Auch wir haben viel zu viele Betriebe, in denen die gesetzliche Normalität eines Betriebsrates keine Realität ist.

Ich bin davon überzeugt, dass der gesellschaftliche Kampf um die Demokratie gerade im Arbeitsleben seine Voraussetzung hat. Wenn Beschäftigte zu uns ins Büro kommen und das Anliegen haben, im Betrieb einen Betriebsrat zu wählen, dann haben sie auch Vorbehalte der IG Metall gegenüber.

Gleichzeitig wissen sie, dass wir die Einzigen sind, die sie unterstützen können. Die Kolleginnen und Kollegen müssen sich aber bekennen und Verantwortung übernehmen. Das ist Teil einer besonderen, ganz praktischen Demokratieerfahrung. Sie müssen dazu aber von den Zuschauerbänken runter und Kämpfer für ihre eigenen Interessen werden. Wir können nicht zulassen, dass sie das an uns delegieren. Demokratieerfahrung und Selbstermächtigung – das sind Erfahrungen, die der Rechten zuwiderlaufen. Wenn wir dann als IG Metall noch eine klare Haltung und Kritik auch zu gesellschaftlichen Verhältnissen beziehen, uns nicht wegducken, sollte es gelingen, die Rechtsradikalen und Nazis zurückzudrängen.

Ein weiterer Unterschied ist der Fachkräftebedarf. Wir erleben, dass Klein- und Mittelbetriebe viel stärker als Volkswagen auf ausländische Fachkräfte angewiesen sind. Während auch zu Zeiten absoluten Fachkräftemangels die Quote von ausländischen Beschäftigten bei Volkswagen verschwindend gering war, hatten wir in Zuliefererbetrieben teilweise bis zu 30 Nationalitäten. Für die Kolleginnen und Kollegen war dies eine völlig neue Erfahrung. Migrantinnen und Migranten sind dann zuallererst Kolleginnen und Kollegen. Die Zulieferbelegschaften wurden also in den letzten Jahren internationaler, man lernt sich kennen, es werden auch Konflikte ausgetragen, es entsteht auch Zusammenhalt und interkultureller Austausch. Bei Volkswagen ist das bisher eher nicht der Fall.

Haben die Anti-AfD-Proteste im Januar und Februar 2024 etwas verändert? Haben sie zu einer Schwächung der AfD beigetragen und Demokraten den Rücken gestärkt?

Vor allem hat es jenen Kolleginnen und Kollegen den Rücken gestärkt, die jahrelang gedacht haben, sie kämpften nahezu vereinzelt, oder auf verlorenem Posten. Plötzlich kamen auch in Zwickau rund 6.000 Leute auf dem Hauptmarkt zusammen. Das war ein tolles gemeinsames Erlebnis. Es war für die Leute unfassbar wichtig, zu erfahren, dass man nicht allein kämpft. Ich bin mir unsicher, ob es dazu führt, Leute zu überzeugen, die auf der Seite der Rechtsradikalen und Neofaschisten stehen, oder in die Richtung tendieren. Die Diskussionen sind seither polarisierter. Keiner kann sich jetzt mehr wegducken.

Hat der Landtagswahlkampf 2024 in den Betrieben eine Rolle gespielt? Können rechte Kräfte dort von einer starken AfD im Parlament profitieren?

Viele Kolleginnen und Kollegen haben zur etablierten Politik und deren Gestaltungsfähigkeit ein sehr ambivalentes Verhältnis. Das hat auch historische Ursachen. Wenn man über 30 Jahre erlebt, dass sächsische Politik das eigene Bundesland als Billiglohnland bewirbt und wir möglichst mitbestimmungsfreie Strukturen haben, wenn man die Erfahrung macht, dass Recht und Gesetz im Arbeitsalltag eigentlich gar nicht wirken sollen, dann verkümmert auch der Glaube an gesellschaftliche Steuerung und das Ansehen von Politikern fast jeglicher Couleur. Deshalb tritt die AfD auch als Anti-Politik-Partei auf.

Gleichzeitig machen wir immer wieder die Erfahrung, dass nach der Politik gerufen wird. Beispiel: Die Betriebsschließung des Gelenkwellenwerks GKN in Zwickau-Mosel und die Verlagerung der Produktion nach Ungarn – da ist der Ruf der Kolleginnen und Kollegen nach politischer Intervention und Unterstützung schon laut: Wo ist denn jetzt die Politik? Dann ist immer noch so etwas wie ein Gestaltungsanspruch der Politik lebendig. Gleichzeitig ist damit auch eine Verantwortung nicht zuletzt der Unternehmen verbunden. Mitbestimmung und Demokratie im Betrieb zu ermöglichen, ist eben nicht nur Aufgabe der IG Metall und/oder »roter Unsinn«.

Abschließend noch mal zur Haltung der Gewerkschaft im Kampf gegen die populistische und extreme Rechte. Bietet die Losung »klare Kante und offene Türe« eine treffende Orientierung?

Klare Kante kann ich verstehen, weil ich zutiefst davon überzeugt bin, dass wir klar erkennbar sein müssen, nicht verwechselbar werden dürfen. Es muss jederzeit deutlich sein, wofür und für wen wir stehen. Wir müssen übrigens auch Schutzraum für Antifaschistinnen und Antifaschisten sein. Das eben muss verbunden sein mit einem konkreten Politikangebot, für das wir glaubhaft stehen. Einsicht in die Notwendigkeit allein hat im Kapitalismus noch nie geholfen. Fortschritt kann immer nur das Ergebnis von gesellschaftlichen Auseinandersetzungen sein.

Insofern ist auch »offene Türe« bei uns durch Haltung und Werte bestimmt, ein Mitmachangebot für gesellschaftliche Entwicklung, aber auch für Kritik und Widerstand. Wenn die Nazis versuchen, uns in die Ecke der vermeintlich Etablierten zu packen, müssen wir dem als glaubhafte Interessenvertreter entgegentreten. Wir brauchen außer Hochglanzbroschüren zur Transformation konkrete praktische Orientierungen für den Umgang mit den Konflikten. Ich bin zutiefst davon überzeugt, die Transformation ist ein Ort von gesellschaftlicher Auseinandersetzung, und zwar auf allen Ebenen.

Und nichts davon ist vorherbestimmt, sondern wird am Ende Ergebnis von gesellschaftlichen Kämpfen sein – sowohl im politischen Raum als auch gegenüber den Arbeitgebern. Dass alle handelnden Akteure rational zusammenarbeiten würden, von einem gemeinsamen Interesse geleitet seien, ist nicht meine Erfahrungswelt. Ich sehe auch nicht, dass wir per se ein gemeinsames Interesse quer durch alle politischen Parteien haben. Wir müssen vielmehr aufpassen, dass der Kampf gegen die AfD nicht dazu führt, dass die gesellschaftlichen Widersprüche und unsere Kritik an einer konservativen und neoliberalen Politik, wie sie z.B. die FDP vorantreibt, gleichsam verschwimmen. Der Kampf um das Streikrecht, die Infragestellung des Sozialstaats usw. darf nicht mit der Auseinandersetzung mit der AfD vergessen werden.

Bernd Lösche/Johanna Sittel

Transformative Ängste und rechtspopulistische Orientierungen

Erfahrungen und Erkenntnisse aus dem Opel-Werk in Eisenach

Transformation, E-Mobilität und umkämpfte Zukunft

Trotz großer Konkurrenz hat sich Stellantis für eine 130 Millionen-Investition in das Opel-Werk in Eisenach entschieden. Nach jahrelangem Bangen soll der elektrische Grandland nun die Zukunft des Standorts sichern.

Der aktuelle automobile Wandel hin zu E-Mobilität stellt die ganze Automobilindustrie vor neue Herausforderungen. Dieser Transformationsprozess begann spätestens mit dem Dieselskandal 2015 und steht im Lichte eines grünen Umbaus der Wirtschaft, um den Klimawandel zu bekämpfen. Es geht dabei nicht nur um eine Dekarbonisierung des Produkts an sich, sondern auch um klimaneutrale Produktion und Ressourcenschonung. Seit den strengeren Schadstoffgrenzen für Pkw setzen die meisten großen Automobilhersteller auf Elektromobilität, um den ökologischen Fußabdruck des motorisierten (Privat-)Verkehrs zu senken und die CO_2-Ziele zu erreichen. Das führt gemeinsam mit fortschreitenden Digitalisierungsprozessen zu heftigen Strukturveränderungen. Die internationale Konkurrenz für die deutsche Autoindustrie ist durch Tesla und chinesische Vorreiter enorm gestiegen und trägt zu einem gesteigerten Preisdruck bei, der ganze Wertschöpfungsketten restrukturiert.

Doch die Skepsis gegenüber der E-Mobilität und den Maßnahmen der Energiewende insgesamt ist groß. Für viele geht der ökologische Umbau mit Belastungen und auch negativen Beschäftigungseffekten beziehungsweise reibungsvollen Verschiebungen von Beschäftigung einher, die mit sozialem Abstieg verbunden sind. In diesem Zusammenhang lässt sich von sozial-ökologischen Transformationskonflikten in der Automobilindustrie sprechen (Dörre u.a. 2024). Diese Transformationskonflikte zeigen auf verschiedenen Ebenen, dass Strukturveränderungen wie die Dekarbonisierung stark umkämpft sind (ebd.). Es entstehen Spannungen zwischen verschiedenen Interessen und Wahrnehmungen, die sich auch um Ungerechtigkeitsempfinden, Ressentiments und Unsicherheiten drehen.

Denn die aktuellen Veränderungen schüren Ängste unter den Beschäftigten, die einige in die Arme der AfD treibt. Wut und Enttäuschung führen auch bei Opel Eisenach mitunter zu rechten Orientierungen, obwohl die Situation des Werks inzwischen als gesichert gilt. Denn die großen Themen der Transformation wurden für den Standort gelöst oder sollten zeitnah gelöst werden. Das Produkt der Zukunft ist sehr flexibel und kann viele Kundenanforderungen bedienen. Alle gängigen Antriebsformen können produziert werden. Die große batterieelektrische Variante wird mit einer Reichweite von 700 km angekündigt. Aber auch Hybridvarianten und Verbrennungsmotoren wären möglich, weshalb Marktschwankungen gut ausgleichbar sind.[1] Außerdem bekommt das Werk eine Versorgung mit grüner Energie.[2]

Was treibt nun also die Beschäftigten angesichts dieser Transformationsprozesse konkret um und wie kann man dem begegnen? Mit diesen Fragen beschäftigen wir uns im Folgenden. Unsere Ausführungen basieren auf einer intensiven Fallstudie[3] und den Erfahrungen aus der Betriebsratsarbeit. Den transformativen Ängsten muss mit umfassenden,

---

[1] Dies ist bei VW in Zwickau, wo ausschließlich auf Elektromobilität gesetzt wurde, nicht der Fall.

[2] Ein Solarfeldbetreiber liefert Strom ins Werk. Der Einsatz einer Wärmepumpe für die Grundlast und die angedachte Gasturbine für Energiespitzen, die später auch mit Wasserstoff betrieben werden könnte, sind gut durchdacht. Damit ist eine CO_2-neutrale Produktion in Eisenach möglich.

[3] Die Fallstudie fand im Rahmen von empirischen Untersuchungen zur Auto- und Zulieferindustrie statt, die teilweise im Rahmen des BMWK-Projekts BeaT (»Berufliche Bildung erneuern für die automobile Transformation«; 10/2021–9/2024) durchgeführt und durch eine studentische Lehrforschung unterstützt wurde. Das empirische Material wurde in den Datensatz des DFG-Projekts »Eigentum, Ungleichheit und Klassenbildung in sozial-ökologischen Transformationskonflikten« des SFB 294 »Strukturwandel des Eigentums« integriert. Bei Opel Eisenach wurden zwischen Frühjahr 2021 und Sommer 2023 46 Personen aus allen Hierarchieebenen interviewt, darunter Management, Angestellte, Arbeiter*innen, Betriebsrät*innen, Vertrauenskörper und Leiharbeitskräfte (zuzüglich vier Gruppeninterviews). Wir danken allen, die die Studie begleitet und ermöglicht haben, sowie den aktiv Mitwirkenden.

auf Dialog und Beteiligung basierenden Transformationsstrategien begegnet werten, so unsere These. Zu deren Entwicklung müssen Staat, Arbeitgeber und gewerkschaftliche Akteure gemeinsam beitragen. Wir gehen zuerst auf die Transformationsdynamiken der Branche und ihre Auswirkungen auf Opel Eisenach ein. Im Anschluss geben wir einen Einblick in die transformativen Ängste, die die Beschäftigten umtreiben, bevor wir abschließend konkrete Anforderungen an erfolgreiche Bewältigungsstrategien der Transformation entwickeln.

Transformation der Autoindustrie: Strukturveränderungen mit weitreichenden Konsequenzen

Wie bereits angedeutet, befindet sich die Automobilindustrie in einer strukturellen Umbruchphase, die vor allem durch Dekarbonisierung und Digitalisierung gekennzeichnet ist. Die Umstellung auf E-Mobilität wurde mit den neuen Zielsetzungen auf europäischer Ebene zur radikalen Reduzierung des CO_2-Ausstoßes gesetzlich forciert. Demnach dürfen ab 2035 keine Fahrzeuge mit Verbrennungsmotoren mehr neu zugelassen werden. Um dies zu erreichen, unterstützt der Staat die Bereitstellung einer Ladeinfrastruktur sowie die Subventionierung von elektrisierten Neuwagen, die unter anderem aufgrund der hohen Kosten für die Batterieherstellung preislich weit über den Verbrennermodellen liegen. Bei Fahrzeugen wie dem Opel Corsa belaufen sich die Preisunterschiede zwischen Pkw mit Verbrenner- und Elektromotoren aktuell auf etwa 14.000 Euro, bezogen auf die unverbindlichen Preisempfehlungen ab Werk. Um das Preisproblem zu lösen und die Elektromobilität insgesamt zu fördern, legte die Bundesregierung im Sommer 2016 ein temporäres Förderprogramm auf. Mit dem abrupten Wegfall der staatlichen Förderung ab Januar 2024 gerieten die OEMs (Original Equipment Manufacturers) jedoch in Schwierigkeiten, und die Nachfrage nach Elektrofahrzeugen brach sofort ein. Laut Kraftfahrtbundesamt ist der E-Auto-Anteil an neuzugelassenen Pkw in Deutschland zwischen Januar und April 2024 auf 11,8% gesunken.

All das zeugt davon, dass die Transformation hin zu E-Mobilität alles andere als ein Selbstläufer ist. Es handelt sich um einen komplexen Veränderungsprozess, der mit einer Anpassung von Geschäftsmodellen und Produktionssystemen, einer Restrukturierung von Wertschöpfungssystemen sowie deutlichen Beschäftigungseffekten einhergeht. Die Verkäufe von Verbrennern glichen lange Zeit Margenverluste der Elektrofahrzeuge aus. Außerdem versuchten die OEMs, die Materialkosten drastisch zu senken. Aufgrund der enormen Investitionen in die Entwicklung und Fertigung der Batterien sowie der hohen Rohstoffpreise sind jedoch keine signifikanten Kostensenkungen bei den Batterien zu erwarten. Bis heute können die Materialkosten noch etwa 80% der gesamten Herstellungskosten eines E-Pkw ausmachen. Einsparungen müssen also an anderer Stelle ansetzen.

Unter diesen Voraussetzungen, gepaart mit dem gestiegenen Wettbewerbsdruck bei E-Modellen,[4] verändern sich *Geschäftsmodelle und Produktionssysteme*. Stellantis, wozu Opel seit 2017 gehört, will sogar schon bis 2028 die Produktion von Verbrennerfahrzeugen komplett eingestellt haben und bis spätestens dahin mit bezahlbaren E-Modellen Profite machen. Für die Opel-Standorte wie Eisenach bedeutet dies, sich einem rigiden Sparkurs der Konzernzentrale und deren uneingeschränkter Entscheidungsgewalt unterzuordnen.[5] Es geht hier um maximale Kostenreduzierung und Effizienzsteigerung. Das führt nicht nur zu immer wiederkehrenden instabilen Produktionssituationen, sondern auch zu einer tendenziellen Rückkehr von Produktionsmodellen, die auf Produktivitäts- und Effizienzsteigerung ausgerichtet sind – auf Kosten der Produktqualität: »Bei einem Adam konnte ich noch sagen […], das war noch was. Da war noch ein bisschen […] Das war Opel! […] Aber das ist einfach nur so ein Nullachtfünfzehn, klatsch hin die Karre […]« (Beschäftigte*r [B]).

Aktuell zählt vor allem das Erreichen der vom Konzern vorgegebenen Leistungsziele. Das operative Geschäft ist zahlengetrieben.[6] Die

---

[4] Firmen wie Tesla und BYD gelten weltweit als Vorreiter bei Entwicklung und Verkauf von E-Modellen und sind inzwischen auch auf dem deutschen Markt präsent (Tesla) oder bahnen dies an (BYD).

[5] Dieses Phänomen der Abhängigkeit wechselnder Mutterkonzerne ist für Opel nichts neues und sicher auch nichts transformationsspezifisches. Die Bedingungen haben sich im Zuge der genannten Entwicklungen jedoch zusätzlich verschärft.

[6] Details zum Geschäftsmodell in der Branche und bei Opel siehe Dörre u.a. 2024: 24ff.

Spielräume bezüglich der eigenständigen Prozessoptimierung, innovativer Arbeitsteilung und kreativen Mitgestaltens im Produktionsprozess werden zusehends kleiner. Das hängt auch mit dem Schwinden standortbezogener Strategiefähigkeit zusammen: »Früher konnten die hier bisschen selber entscheiden. Mittlerweile geht eben alles über Frankreich« (B). Alles wird zunehmend »von oben diktiert«. Das bringt nicht selten auch den Betriebsrat an seine Grenzen, der sich häufiger in harten Verhandlungen um arbeits- und betriebsverfassungsrechtliche Probleme kümmern muss.

Die geringere Gewinnspanne bei E-Autos hat auch den Preisdruck auf die Teilelieferanten enorm erhöht, was sich auch auf deren Geschäftsmodelle auswirkt. Nicht wenige können ihre Kunden nicht halten. Besonders die Zulieferstandorte, die von Mutterkonzernen abhängen und zu teuer produzieren, ohne eigene Investitionen tätigen zu können, haben das Nachsehen. Der Druck verstärkt sich zusätzlich mit Blick auf die Lieferanten der direkten Autozulieferer. Folglich verändern sich derzeit ganze Wertschöpfungssysteme, also die Beziehungen zwischen (Sub-) Zulieferern und OEMs. Dies liegt nicht nur an der veränderten Nachfrage nach Teilen, sondern auch an den Bemühungen, die Produktionskosten von E-Autos insgesamt zu senken, um im weltweiten Wettbewerb bestehen zu können. Viele Zulieferer verlagern ihre Produktion schon in sogenannte Niedriglohnländer oder erwägen das, wo zudem meist die Energiekosten niedriger sind. In der unmittelbaren Umgebung des Eisenacher Opel-Werks ist beispielsweise der bisherige Direktzulieferer Lear, der just-in-time Autositze ins Werk lieferte, davon betroffen. Ab Oktober 2024 soll der Betrieb geschlossen werden. Dann kommen die Sitze höchstwahrscheinlich aus dem Ausland. Auch statistisch bildet sich inzwischen eine zunehmende Aktivität der deutschen OEMs außerhalb Deutschlands ab. Im Jahr 2023 wurden laut Statistischem Bundesamt 70% des Umsatzes der Branche im Ausland generiert.

Nicht nur aus diesen Gründen hat die Transformation für die Beschäftigung tiefgreifende Auswirkungen.[7] Die Herstellung von Fahrzeugen mit Elektromotor erfordert deutlich weniger Teile und Arbeitsschritte im Vergleich zu Autos mit Verbrennungsmotor (Bauer u.a. 2019). Viele

[7] Weitere Details zu den Beschäftigungseffekten in der Transformation, siehe Michaelis u.a. 2023.

Studien prognostizieren deshalb einen deutlichen Verlust von Arbeitsplätzen. Die Beschäftigtenzahlen in der deutschen Autoindustrie sind nach Erhebungen des Statistischen Bundesamts seit 2018 bereits um über 50.000 Personen zurückgegangen. Durch das Vordringen von kollektiven und fahrerlosen Mobilitätsangeboten wird längerfristig – vor allem bei Zulieferern – ein noch deutlicherer Rückgang erwartet (ebd.: 48ff.). Dieser Trend erfordert neben Investitionen in Forschung und Entwicklung eine Umqualifizierung von Beschäftigten (ebd.: 85ff.). Es wird zu einer Verschiebung der Qualifikationsbedarfe kommen: Tätigkeiten in der spanenden Metallverarbeitung werden an Bedeutung verlieren, während Bereiche wie Elektronik oder Kommunikationstechnik an Relevanz gewinnen.

Die unmittelbaren Beschäftigungsverluste sind mit Blick auf die Schließung diverser Auto(zuliefer)werke bereits zu spüren. Bei Opel Eisenach hat sich die Beschäftigtenzahl in den letzten 20 Jahren um zwei Drittel auf 1.100 (2024) reduziert. Neueinstellungen wurden von der Konzernzentrale nicht geduldet, obwohl die Auftragslage es in den vergangenen Jahren durchaus notwendig gemacht hätte. Mehrarbeit durfte nur über Leiharbeiter*innen kompensiert werden, da diese als Sachkosten abgerechnet werden. Immerhin konnte Anfang 2024 durch erfolgreiche Verhandlungen des Betriebsrats die Übernahme von Leiharbeitskräften erwirkt werden, die für den Aufbau der E-Linie eingesetzt wurden. Somit wächst die Belegschaft aktuell nach jahrelangem Personalabbau wieder.

Ungerechtigkeitsempfinden, Belastungen, transformative Ängste und rechte Orientierungen bei Opel Eisenach

Veränderungen sind stets herausfordernd. In der Industrie bringen die Einführung neuer Produkte und das Entstehen neuer Wettbewerbsbedingungen Belastungen für alle Beteiligten mit sich, da es keine Garantie für den Erfolg gibt. Über Jahrzehnte bewährte Produkte oder Prozesse werden daher oft zur Referenzfolie für Sicherheit. Mit Blick auf die automobile Wende hin zu batterieelektrischen Fahrzeugen stellen die Betriebsräte der Opel Eisenach GmbH fest, dass hier eher eine negative Einstellung überwiegt. Das belegt auch die unserem Beitrag zugrunde liegende Fallstudie. Viele Skeptiker*innen kritisieren die begrenzte Reichweite der E-Autos, ein mangelhaftes »grünes« Stromnetz und den hohen Preis dieser Fahrzeuge. Die Rohstoffbeschaffung im globalen Süden, wo der Großteil der benötigten Ressourcen wie Lithium abgebaut wird, hat dort negative soziale und ökologische Folgen. Manche weisen auch auf technische Alternativen (z.B. Brennstoffzelle) hin.

Hier werden Einstellungen der »Technikzentrierung und Beharrung« deutlich (Dörre u.a. 2024: 27). »So sauber waren die [Verbrenner] noch nie«, sind mehrere befragte Opel-Beschäftigte überzeugt. Die Kritik am E-Auto wird umso massiver, je näher man der Produktionshalle kommt (ebd.: 26ff.). Gerade mit Blick auf die Alltagstauglichkeit von E-Autos bestehen im ländlichen Raum viele Vorbehalte gegenüber der Mobilitätswende insgesamt: Da geht es nicht nur um die Frage: »Wo lade ich mein Fahrzeug?«, sondern auch um die Nutzung öffentlicher Verkehrsmittel. Diese lassen sich für viele schlicht nur mit unzumutbaren Einschränkungen in die eigene Lebensrealität integrieren. Um zum Beispiel von Bad Langensalza nach Eisenach zur Arbeit zu kommen, ist man mit Bus und Zug »hundert Jahre unterwegs« (B) (siehe auch ebd.: 27). Viele hadern zudem mit der Geschwindigkeit der Transformation: »Mir geht das alles zu hopp Galopp, ne? Zu schnell« (B). Einige Beschäftigte fühlen sich durch die politischen Vorgaben zur Elektromobilität ungerecht behandelt, da ihre individuellen Mobilitätsbedürfnisse und finanziellen Möglichkeiten dabei nicht berücksichtigt werden. Dieses Ungerechtigkeitsempfinden führt in Kombination mit zunehmenden Unsicherheiten und Belastungen bei vielen Facharbeiter*innen zu Ängsten und manchmal auch zu einer Hinwendung zur »Alternative für Deutschland« (AfD).

Die Tatsache, dass E-Autos andere und weniger Teile benötigen und damit auch anders qualifiziertes und weniger Personal, verstärkt zusammen mit bisherigen Erfahrungen von Insolvenzen und Übernahmen bei vielen die massiven Unsicherheiten über ihre betriebliche und damit auch persönliche Zukunft. In der Region Westthüringen sind bis 2023 schätzungsweise bereits 3.500 Arbeitsplätze[8] in der Autozuliefer-

---

[8] Die Zahl stammt von dem jahrelang in der Region zuständigen IG-Metall-Bevollmächtigen Uwe Laubach.

industrie verloren gegangen. Und bei Opel war sehr lange unklar, ob der Standort überhaupt das Rennen um den elektrischen Grandland gewinnt.

Zukunftsängste nehmen zu

Das schürt automatisch Zukunftsängste: »Was ich habe, das weiß ich und was ich kriege, dass weiß ich nicht« (B). Dabei geht es weniger um die Angst vor Arbeitslosigkeit – der Arbeits- und Fachkräftemangel[9] in der Region ist groß und allgemein bekannt –, sondern vielmehr um den Verlust ökonomischer und sozialer Errungenschaften, also Angst vor Statusverlust. Schließlich gelten die Jobs bei Opel in der Region als gut bezahlt und tarifvertraglich sehr gut abgesichert.[10] Das auf die eigene Jobsicherheit bezogene Unbehagen lässt sich auch als transformative Abstiegsangst beschreiben. Bei Opel können sich die wenigsten vorstellen, in die unterbezahlte Pflege oder Gastronomie zu wechseln, obwohl dort händeringend Leute gesucht werden. Und die Vorstellung, sich für neue berufliche Qualifikationsbedarfe in der Transformation weiterzubilden, bereitet ebenfalls vielen Angst und Unbehagen.[11] Die Abstiegsängste betreffen vor allem diejenigen, die sich im mittleren Alter gerade eine Existenz aufbauen – eine Familie gründen wollen und vielleicht einen Hauskredit laufen haben – sowie die Älteren, die noch mehr als fünf Jahre bis zur Rente haben und nicht sicher sein können, dass bis dahin ihr Arbeitsplatz gesichert ist.

---

[9] Die Erwerbstätigenquoten sind in den letzten Jahren kontinuierlich angewachsen. Thüringen befindet sich dabei im Bundesvergleich an der Spitze und hat bereits die Grenzen des Erwerbspersonenpotenzials erreicht. Expert*innen gehen davon aus, dass sich der heute schon spürbare Arbeitskräftemangel ab 2025 noch verschärfen wird, da dann für 100 Renteneintritte nur noch 53 Nachwuchskräfte erwartet werden (Reuß u.a. 2020).

[10] Obwohl es bis heute klare Ost-West-Unterschiede gibt, liegt der mittlere Bruttolohn in der Auto- und Autoteileherstellung über dem in anderen Industriebereichen.

[11] Das Thema Qualifizierung wird skeptisch betrachtet, da viele Beschäftigte lange keine Weiterbildungen mehr gemacht haben und ihnen ein Einlassen auf Neues schwerfällt. Es besteht eine allgemeine Bildungsentwöhnung, die durch die Kurzfristigkeit der Börsenökonomie und die Vernachlässigung langfristiger Bildungsinvestitionen durch die Arbeitgeber verstärkt wurde.

Die gesteigerte Unsicherheit in der Belegschaft wurde durch die Krisenerfahrungen der letzten Jahre befeuert. Hierzu zählen nicht nur die langandauernde wirtschaftliche Instabilität im Werk selbst, die ihren Ausdruck immer wieder auch in unklaren und intransparenten Ansagen des Managements fand,[12] sondern ebenso gesamtgesellschaftliche Herausforderungen wie Corona-Pandemie, Energiekrise, Kriege oder Inflation: »Ich mach mir eher Gedanken um die hohen Spritpreise, die Krankenversicherung soll angehoben werden. […] Autobahnmaut vielleicht noch. Also da mach ich mir eher Gedanken drum – ja« (B). Solche Ängste sind bei den Beschäftigten weit verbreitet und betten den automobilen Transformationsprozess in einen ohnehin schon krisenbehafteten Kontext ein: »Das ist eine große, wie soll ich sagen, eine sehr schwierige Zeit, und von daher kommt das [Debatte um Klimaschutz] noch obendrauf, ne« (B).

Solche außerbetrieblichen Probleme treiben viele Menschen um. Wenn dann noch eine zusätzliche Belastung im Berufsleben hinzukommt, ist nachvollziehbar, dass einige verunsichert und frustriert sind. Bei Opel führte der rigide Sparkurs von Stellantis in den letzten Jahren oft auch zu einer deutlichen Mehrbelastung im betrieblichen Alltag. Beispielsweise werden die Fahrzeugbatterien im Werk mit zusätzlicher Automatisierungstechnik zusammengebaut; für die Instandsetzung dieser Anlagen ist aber kein zusätzliches Personal dazugekommen. Das muss von den vorhandenen Mitarbeiter*innen mit erledigt werden. Der Druck bei Stillständen ist enorm, weil jede Sekunde Linienhalt viel Geld kostet. Das erhöht neben der physischen auch die psychische Belastung.

Die genannten transformativen Ängste und Belastungen trüben die Stimmung in der Belegschaft und sind ein wichtiger Nährboden für rechte Orientierungen. Besonders deutlich wird in vielen Gesprächen mit Beschäftigten eine ablehnende Haltung, die sich über E-Mobilität und Energiewende auf die gesamte Klimabewegung und/oder grüne Politik ausweitet. Das hat auch viel mit einem Abwertungsempfinden gegenüber der eigenen Tätigkeit zu tun, das vor allem Arbeiter*innen mit den aktuellen Maßnahmen im Sinne des ökologischen Wandels verbinden. Der aktuelle Druck auf »schmutzige« Industrien wie die Autoindust-

[12] »[Es] fehlen klare Orientierungen des Managements, weil sie sie selber nicht haben. Das macht die Leute […] unsicher« (Betriebsrät*in).

rie wird von einigen als Angriff auf die eigene Lebensrealität empfunden, die sich durch harte, meist eng getaktete Arbeit im Schichtbetrieb auszeichnet (siehe Dörre u.a. 2024: 29ff.). Leute, die ihre Freizeit mit leidenschaftlichem Autotuning verbringen, fühlen sich so schnell ihrer Wertschätzung beraubt: »Weil du mit einem Mal hingestellt wirst, als wärst du der absolute Verbrecher, du bist aber eigentlich nur ein ganz normaler Mensch« (B).

Viele empfinden außerdem einige Regierungsmaßnahmen als Bevormundung. Das zeugt von einer deutlichen Distanz zwischen der eigenen erlebten Alltagsrealität und der der politischen Akteure (ebd.: 37). Das führt bei vielen zu Unzufriedenheit und Politikverdrossenheit, die teilweise eine »unheimliche Wut« auf Regierung und Staat erzeugt (ebd.: 36ff.). Die soziale Ungleichheit innerhalb der Gesellschaft ist dabei immer wieder ein Thema: »Wir haben Leute, die mit dem Mindestlohn arbeiten und die nicht wissen, wie sie ihre Energiekosten bezahlen müssen oder können und dann unsere Fußballer, sage ich einfach mal, nach Qatar fahren zum Fußball spielen und die Stadien mit einem Riesenenergieaufwand runtergekühlt werden müssen, dafür habe ich kein Verständnis. […] Da kommen dann Vorschläge aus der Politik, wo man überall sparen kann, am Duschen oder sonst irgendwas, wenn ich sowas höre, dann wundert man sich, dass die Stimmung immer schlechter wird und vielleicht, ja, für mich, was gar nicht geht, solche Rechtsradikalen da unterstützt werden […]« (B).

Dies bietet gemeinsam mit den transformativen Ängsten und den inner- und außerbetrieblichen Belastungen einen hervorragenden Nährboden für rechtspopulistische Einstellungen und spielt Parteien wie der AfD in die Hände. Denn soziale Erfahrungen der Desintegration und damit verbundene Ängste führen zu Empfindungen von Kontrollverlust (Heitmeyer u.a. 2021: 81). In der Folge werden Klimaaktivismus und (grüne) Regierungspolitik schnell zu Feindbildern, denen mit Hass begegnet wird.[13] Dies können rechte Parteien wie die AfD leicht nutzen, um Wähler*innen zu gewinnen. Und das funktioniert – das belegen inzwischen diverse Studien – vor allem unter Arbeiter*innen hervorragend. Laut Forsa wählen 38% der Arbeiter*innen die AfD (Forsa

---

[13] Die massiven Verluste der Grünen bei der Europawahl 2024 unterstreichen dies.

2024). Die wenigsten davon wissen wahrscheinlich, dass hinter den vermeintlich einfachen Lösungsangeboten, die die Partei parolenhaft anbietet, Strategien stehen, die u.a. soziale Ungerechtigkeit unweigerlich weiter verschärfen und Mitbestimmungsrechte einschränken werden. Schlagworte wie Mitbestimmung oder Betriebsrat findet man in den Programmen der AfD vergebens, dafür wird immer wieder auf marktwirtschaftliche Prinzipien verwiesen.[14]

Den Ängsten und rechten Orientierungen strategisch begegnen

Den beschriebenen Ängsten, die weitreichende Potenziale für rechte Orientierungen bieten, lässt sich nur mit einer gemeinsamen, auf Beteiligung und Dialog basierenden Transformationsstrategie begegnen. Und die muss vom Staat, von Arbeitgebern und von gewerkschaftlichen Akteuren mitgetragen und aktiv umgesetzt werden.

Der *Staat* trägt im Transformationsprozess eine hohe *Verantwortung* für die Bevölkerung. Ein so tiefgehender Transformationsprozess braucht eine klare Linie und politische Stabilität. Nur so werden die Menschen diese große Herausforderung mittragen. Gerade in industriellen Umbrüchen spielt eine unterstützende Wirtschafts- und Industriepolitik eine entscheidende Rolle, z.B. um den fairen Wettbewerb mit ausländischen Herstellern oder einen local content – lokal gefertigte Teile – in der Fahrzeugproduktion sicherzustellen.

Gleichzeitig sind arbeits- und sozialpolitische Maßnahmen gefragt. Der Arbeitsplatzabbau durch den Wechsel zum batterieelektrischen Antrieb erfordert Qualifizierungsangebote[15] sowie staatliche Unterstüt-

---

[14] Beim Faktencheck von #AfDnee werden die unerwähnten Folgeerscheinungen von AfD-Forderungen eindrücklich aufgedeckt; siehe afdnee.de/faktencheck.

[15] Für eine erfolgreiche Transformation ist ein ganzheitliches Qualifizierungskonzept notwendig, das nicht nur auf Leuchtturmprojekte beschränkt ist, sondern flächendeckend umgesetzt wird. Die Arbeitgeber und die Politik müssen ihre Verantwortung wahrnehmen und die Facharbeiter*innen besser auf die kommenden Veränderungen vorbereiten und einbinden (siehe Michaelis u.a. 2023).

zungsleistungen wie bezahlte Bildungsfreistellungen und individuelle Bildungslohnzuschüsse. Die bisher unzureichende Ladeinfrastruktur muss ausgebaut werden. Eine Massenmobilität, die motorisierten Individualverkehr durch kollektive Angebote wie Carsharing und anderes ersetzt, muss wirksam gefördert werden. Politische Maßnahmen müssen außerdem sicherstellen, dass die Vorteile der Digitalisierung gerecht verteilt werden und den Schutz der Beschäftigten gewährleisten. Darüber hinaus sollte die Politik Demokratisierungsprozesse fördern. Das gilt im Besonderen für wirtschaftliche Entscheidungen, zum Beispiel durch stärkere Mitbestimmungsrechte der Betriebsräte.

Auch von den *Arbeitgebern* ist zu fordern, dass sie ihre gesellschaftliche Gestaltungsrolle reorganisieren. Wenn Unternehmen und ihre Verbände die Beschäftigten überwiegend als Kostenfaktoren behandeln und nicht auch als Nachfrage generierende Subjekte, schaffen sie Bedingungen, von denen die AfD profitiert. So etwa durch die Flucht in industrielle Arbeitgeberverbände ohne Tarifbindung und die Verlagerung von Produktion ins Ausland. Es braucht auch mehr »gute Arbeit«, und der massive Fachkräftemangel könnte bessere Bedingungen dafür schaffen. Ein wichtiger Beitrag gegen rechts wäre es auch, wenn die Arbeitgeber endlich mehr für die Qualifizierung der Beschäftigten in der Transformation unternähmen.

Den *Gewerkschaften* kommt die Aufgabe zu, sich für die Verbesserung der Arbeits- und Lebensbedingungen der Beschäftigten einzusetzen. Bessere Arbeits- und Lebensbedingungen sind essenziell, um den Einfluss der extremen Rechten zurückzudrängen. Lohnerhöhungen zu erstreiten ist in Zeiten hoher Inflation ebenfalls essenziell. Auch Arbeitszeitverkürzung und -flexibilisierung gewinnen an Bedeutung. Zudem muss das Thema Qualifizierung in allen Tarifrunden einen wichtigen Platz einnehmen, weil es für den Erhalt von Arbeitsplätzen in der Transformation entscheidend ist. Je besser das alles gelingt, desto weniger kann die AfD die Probleme der Transformation für ihre demagogischen Zwecke nutzen. Das gilt auch für die Betriebsräte. *Betriebsräte* spielen eine Schlüsselrolle bei der Durchsetzung von Qualifizierungsgeld u.ä. und sollten aktiv Vorschläge zu Weiterbildungsprogrammen einbringen. Eine stärkere Vernetzung von Betrieben und Bildungsakteuren sowie Transparenz über Weiterbildungsmöglichkeiten sind dabei notwendig.

Schlussendlich muss es darum gehen, die sozial-ökologischen Transformationskonflikte (Dörre u.a. 2024) so zu entschärfen und nachhaltig zu lösen, dass nicht immer wieder große Gruppen von Benachteiligten und Verlierern geschaffen werden, die dann die Zielgruppen der extremen Rechten werden. Das kann nur gelingen, wenn *erstens* beim Engagement für die Klimaziele soziale Belange berücksichtigt werden. *zweitens* der gesellschaftliche Reichtum umverteilt wird und *drittens* die Demokratie durch mehr gesellschaftlichen Dialog gestärkt wird. Letztlich muss dabei auch das kapitalistische System mit seiner klimaschädlichen Wachstumsdynamik infrage gestellt werden. Frieden, Stabilität, Aufklärung, Wohlstand, Glück und Demokratie sind entscheidend und sollten Leitmarken der Transformation sein. Viele dieser Attribute sind dem Kapitalismus jedoch fremd. Deshalb muss eine nachhaltige Transformationsstrategie letztlich auch über die kapitalistischen Macht- und Eigentumsverhältnisse hinausweisen.

Literatur

Bauer, Wilhelm u.a. (2019): ELAB 2.0. Wirkungen der Fahrzeugelektrifizierung auf die Beschäftigung am Standort Deutschland, Stuttgart.

Dörre, Klaus/Liebig, Steffen/Lucht, Kim/Sittel, Johanna (2024): Klasse gegen Klima? Transformationskonflikte in der Autoindustrie, in: Berliner Journal für Soziologie, 34, S. 9-46. doi.org/10.1007/s11609-023-00514-z.

Forsa (2024): Wer wählt die AfD, in: ntv, 14.05.2024; www.n-tv.de/politik/Wer-waehlt-die-AfD-article24939641.html.

Heitmeyer, Wilhelm/Freiheit, Manuela/Sitzer, Peter (2021): Das rechte Eskalationskontinuum, in: Tanjev Schultz (Hrsg.), Auf dem rechten Auge blind? Rechtsextremismus in Deutschland. Perspektiven auf Gesellschaft und Politik, Stuttgart, S. 75–93.

Michaelis, Lennart/Rehfeldt, Thomas/Schreiber, Genevieve/Sittel, Johanna (2023): Konfliktlinien in der Thüringer Auto(zuliefer)industrie: Qualifizierung als Lösungsansatz für die sozial-ökologische Transformation?, in: PROKLA. Zeitschrift für Kritische Sozialwissenschaft, Jg. 53, H. 210, S. 55–74.

Reuß, Alexander/André, Tim/Behr, Michael/Philippus, Udo (2020): Das Thüringen-Paradox: Thüringen droht tatsächlich eine »zweite Wende« – aber anders als von manchem erhofft, in: ifo Dresden berichtet, Jg. 27, H. 01, S. 17–24.

Was kann die Bildungsarbeit leisten?

Interview mit Chaja Boebel[1]

Du hast dich seit vielen Jahren als Bildungsreferentin mit der radikalen Rechten befasst. Wenn du zurückblickst: Hat deren Einfluss im betrieblichen und gewerkschaftlichen Bereich zugenommen?

Die Frage ist, wie man Einfluss definiert und auf welche Region man blickt. Wir haben bei der letzten Betriebsratswahl zum einen bei den Ergebnissen, was rechte Vertreterinnen und Vertreter in Betriebsratsgremien angeht, eher einen Stillstand erlebt. Da gab es ein paar Ausreißer, aber davon abgesehen hat es keinen weiteren Aufschwung gegeben. Das könnte man als Erfolg werten. Auf der anderen Seite, wenn wir uns die Stimmung in den Betrieben anschauen und die Debatten, die geführt werden, dann würde ich eher sagen, dass der Einfluss der Rechten zugenommen hat. Das hat sich aber noch nicht bei der Betriebsratswahl niedergeschlagen. Was wir nicht ausschließen können, ist, dass es Rechte auf IG-Metall-Listen gibt, die dort nicht erkannt werden. Es kann auch sein, dass es auf IG-Metall-Listen Menschen gibt, die sich jetzt im weiteren Verlauf radikalisieren. Was die Debatten und die Situation in den Betrieben angeht, würde ich sagen, es hat sich weiter dramatisiert und zugespitzt.

Ist das parallel zum Aufstieg der AfD zu sehen?

Ich denke schon, dass es einen Zusammenhang gibt. Wenn wir uns die Gründung des »Zentrum Automobil« im Jahr 2009 anschauen, dann die ersten positiven Wahlergebnisse 2010 in Untertürkheim mit zwei Sitzen, 2014 waren es vier – da hat es eine deutliche Verstärkung gegeben. Die AfD wurde 2013 gegründet und seit 2015 beobachten wir eine zunehmende Radikalisierung in den Positionierungen und Debatten. 2018 ist das »Zentrum« das erste Mal auch über Untertürkheim hinaus an vielen anderen Standorten angetreten, nicht nur an Daimler-Standorten, auch in anderen Betrieben wie zum Beispiel bei VW in Zwickau mit einem

---

[1] Das Interview führten Richard Detje und Klaus Pickshaus.

vorgeschobenen Kandidaten, der sich dann später zum »Zentrum« bekannt hat. Zwar gab es zwischendurch Abgrenzungsversuche und einen Unvereinbarkeitsbeschluss der AfD mit dem »Zentrum«, der aber mittlerweile wieder aufgehoben ist. Auch bestehen ganz enge Verflechtungen von Personen, nicht nur, aber vor allem auch im Raum Baden-Württemberg, zwischen AfD und »Zentrum«. Spätestens seit der Konferenz des rechtsradikalen Magazins »Compact« im November 2017 wissen wir, dass es einen Auftrag des rechten Netzwerks an das »Zentrum Automobil« gibt, den Marsch durch die Betriebe anzutreten.

Wir dürfen aber nicht nur auf die organisierte Rechte schauen, sondern müssen uns auch mit dem Klima in den Betrieben auseinandersetzen.

Zunahme von Demokratiefeindlichkeit

Da scheint die radikale Rechte, so deine Beobachtung, ihren Einfluss erweitert zu haben. Woran machst du das fest? Gibt es da typische Stimmungsmuster?

Es gibt eine sehr starke Zunahme von Debatten in einem Themenfeld, das ich als sozialdarwinistisch bezeichnen würde. Das Bürgergeld ist ein Aufreger-Thema, bei dem Abgrenzung nach unten vorgenommen wird. Ein anderes Themenfeld ist zunehmende Demokratieferne oder gar Demokratiefeindlichkeit. Nach meinen Seminarerfahrungen gibt es viele Menschen, denen der Kompromisscharakter demokratischer Entscheidungen fremd ist, die damit keine positiven Erfahrungen verbinden.

Andererseits ist die radikale Rechte mit ihren Organisationsbemühungen bei der letzten Betriebsratswahl nicht so richtig weiter vorangekommen.

Ein Beispiel: Ein befreundeter Kollege ist Betriebsrat in Thüringen, mittelständischer Betrieb. Er hat den Betriebsrat selbst mit anderen Kolleginnen und Kollegen vor zehn Jahren gegründet und ist da sehr aktiv. Der sagt mir: »Ein Großteil der Leute in meinem Betrieb, vor allem im direkten Bereich, wählen AfD oder Schlimmeres. Die sind keine Demokraten und die sind auch nicht wirklich auf dem Boden dessen, wofür die IG Metall wertegeleitet steht. Die wählen mich trotzdem, weil wir betriebspolitisch erfolgreich sind.« Das könnte man jetzt für die gute Nachricht halten. Ich halte das jedoch für eine schlechte Nachricht. Wenn wir das nicht gründlich analysieren und daraus Handlungsoptionen ableiten, dann kann uns das irgendwann ganz bitter erwischen. Denn die Situation, dass wir Rechte in den Betrieben haben, die trotzdem noch die IG-Metall-Betriebsräte wählen, ist eine Übergangssituation. In dem Moment, in dem möglicherweise die IG Metall infiltriert wird – und das wird ja an einigen Stellen versucht –, werden die Inhalte ganz andere sein. Hier besteht die Aufgabe für die Organisation, für die Geschäftsstellen, genauer hinzuschauen.

Stichwort Infiltration: Gibt es da von Rechts gezielte Vorbereitungen mit Blick auf die nächsten Betriebsratswahlen?

Eine heikle Frage. Auch deshalb, weil das ja verdeckt stattfindet. Ich könnte jetzt keine Betriebe nennen, wo ich ganz sicher sage, da sind Listen durch »Zentrums«-Leute infiltriert. Aber ich bin mir sehr sicher, dass wir Listen haben, auf denen Rechte sitzen. Meine Vermutung ist, dass in Regionen, in denen viele rechts wählen, die Gefahr besteht, dass es zu Kandidaturen kommt. Entscheidend wird sein, ob unsere Kolleginnen und Kollegen in den Geschäftsstellen diese Gefahr erkennen und ihr begegnen.

Welche Rolle spielt aus deiner Sicht die Ost-West-Achse?

Ich würde das regional unterscheiden. Da gibt es durchaus auch Regionen im Westen, in denen wir eine starke Bewegung nach rechts haben. Also wenn wir uns zum Beispiel Rastatt-Gaggenau anschauen, eine Gegend, in der traditionell viele Rechte unterwegs sind und leben. Auch das Remstal ist eine Region, in der man viele rechtsoffene Organisationen beobachten kann. Aber wenn wir nach Berlin, Brandenburg, Sachsen oder den östlichen Teil des Bezirks Mitte betrachten – das ist schon eine andere Liga, mit sehr hohen rechten Wahlergebnissen. Das schlägt durch: Die Betriebe sind ja ein Spiegel und Abbild der Gesellschaft.

Aufklärungsarbeit ist zentral

Du hast dich lange in der Bildungsarbeit mit der Entwicklung der radikalen Rechten auseinandergesetzt. Was sind deine Erfahrungen? Wo setzt ihr an? Was kann speziell die Bildungsarbeit leisten?

Wir haben in den letzten Jahren versucht, die Bildungsarbeit auf zwei Ebenen voranzutreiben.

Erstens ganz praktisch, indem wir Vernetzungstreffen mit Leitungsmitgliedern von betrieblichen Vertrauenskörpern durchgeführt haben. Dabei handelt es sich zum einen um Betriebe, in denen bereits Rechte im Betriebsratsgremium präsent sind, zum anderen um solche, bei denen wir vermutet haben, dass sie gefährdet sind. Dann kam die Pandemie dazwischen, das erste Treffen fand noch in Präsenz statt, die anderen mussten digital durchgeführt werden. Da ging es um eine Analyse der Arbeit der Vertrauenskörper und des Betriebsrats, um zu klären, weshalb das »Zentrum« erfolgreich sein konnte. Aber es ging auch darum, gemeinsame Strategien zu entwickeln, was betriebspolitisch anders laufen könnte.

Die zweite Ebene bestand in der Zusammenarbeit mit dem »Verein zur Bewahrung der Demokratie«, ein Verein, der mit der IG Metall sehr eng zusammenarbeitet. Wir konnten für den Anfang in zwei Bezirken – Baden-Württemberg und Berlin-Brandenburg-Sachsen – direkt mit Kolleginnen und Kollegen in Betrieben zusammenzuarbeiten, Entwicklungen vor Ort genauer analysieren und diejenigen, die gegen Rechts etwas unternehmen wollten, in ihrer Arbeit unterstützen. Das war im Wesentlichen unglaublich viel Aufklärungsarbeit. Ziel war es, dass darüber hinaus niemand ein Seminar verlässt, sei es ein zentrales oder eines auf regionaler Ebene, ganz egal zu welchem Thema, ohne dass wir uns in dem Seminar auch mit dem »Zentrum« und mit dem, wofür auch in betriebspolitisch-sozialpolitischer Hinsicht die AfD steht, auseinandergesetzt haben. Darüber hinaus gab es viele Veranstaltungen für Gremien.

Das Ziel war tatsächlich Aufklärung – Aufklärung über das »Zentrum«, Aufklärung über die ganzen Verschwörungserzählungen, die auch im Querdenker-Bereich entstanden und die Oliver Hilburger, der aus der Neonazi-Szene kommt, im »Zentrum« aufgegriffen und verbreitet hat.

Eine weitere Aufgabe bestand darin, konkrete Argumentationstrainings anzubieten. Zum Beispiel: Wie organisieren wir unsere Öffentlichkeitsarbeit im Betrieb? Wie organisieren wir unsere Arbeit als Vertrauenskörper und als Betriebsratsgremium, um jene Präsenz hinzubekommen, die uns so sichtbar werden lässt, dass ein »Zentrum Automobil« keinen Fuß in den Betrieb bekommt?

Die Strategie des »Zentrums« war und ist wohl, sich als Kümmerer zu profilieren. Statt sich in Gremienarbeit aufzureiben, zeigt man Vorortpräsenz. Da sind wir dann auch bei dem eben von dir angesprochenen Thema der Öffentlichkeitsarbeit. Aber allgemeiner gefragt: Was kennzeichnet die Betriebsstrategie der radikalen Rechten?

Ich denke, dass die betriebspolitischen Aktivitäten von rechten Organisationen sich gegenwärtig in einem Übergangsprozess befinden. Wenn man sich anschaut, was die AfD betriebs- und sozialpolitisch im Bundestag und bei jeder sich bietenden Gelegenheit geäußert hat, wird klar, dass Gewerkschaften für sie überhaupt keine Rolle in ihrem weiteren Entwicklungsprozess spielen. Vielleicht kann man das historisch mit den nationalsozialistischen Betriebszellenorganisationen vergleichen, die auch nur solange existierten, solange die Nazis versucht haben, in einigen Betrieben Fuß zu fassen. Nachdem die NSDAP in der Macht war, waren die Gewerkschaften weg und damit auch die Betriebszellenorganisationen. Ich will damit sagen: Wir dürfen den gesamtpolitischen Hintergrund nicht aus den Augen verlieren.

Das »Zentrum« versucht sich in der Tat betriebspolitisch als Kümmerer darzustellen. Die arbeiten sich an der IG Metall ab und profitieren von unserer Schwäche. Sie haben eine hohe Präsenz in den Hallen, aus denen heraus sie gewählt worden sind, und bieten dann paternalistische Unterstützungsmöglichkeiten an nach dem Motto: »Ich kümmere mich darum«. Tatsache ist, dass die »Zentrums«-Betriebsratsmitglieder in den meisten Betrieben von der Gremienarbeit des Gremiums ausgeschlossen bzw. daran auch gar nicht wirklich interessiert sind.

Für die IG Metall ist eine gute betriebliche Öffentlichkeitsarbeit ein entscheidender Faktor. Wenn die Betriebsräte eng mit den Vertrauensleuten zusammenarbeiten, wenn die Vertrauensleute nicht nur ein Durchstellorgan der Betriebsratsmitglieder sind, dann hat man tatsächlich die Möglichkeit, dass im Betrieb eine lebendige Mitwirkungsatmosphäre entsteht. Dann hat das »Zentrum« wenig Chancen. Aber das bedeutet halt eine Arbeit, die über die reine Gremienarbeit hinausgeht.

Bei Volkswagen in Zwickau gelang es, mit intensiver Bildungsarbeit insbesondere im Vertrauensleutekörper den Einfluss der Rechten zurückzudrängen. Kannst du das aus anderen Bereichen auch positiv berichten?

Für Zwickau kann ich den Erfolg unterstreichen, weil ich mit den Kolleginnen und Kollegen gerade in der Pandemie zusammengearbeitet und sie dabei unterstützt habe. Die haben nach dem Schock des Wahlergebnisses von 20% für eine allein kandidierende rechte Person sich wirklich aufgemacht, die Vertrauensleute zu qualifizieren. Solche Bildungsaktionen wurden in Untertürkheim ebenfalls durchgeführt. Dabei geht es auch um die Fragen der Auswirkungen der Transformation und die dadurch entstehenden Verunsicherungen. Das »Zentrum« hetzt unter anderem gegen das »Verbrennerverbot« und die E-Mobilität. Wenn es dann Vertrauensleute gibt, die begründen können, warum die IG Metall bestimmte Haltungen einnimmt und warum sie in Sachen Gesundheitsschutz in der Pandemie oder auch in der Debatte Verbrenner kontra E-Mobilität eine klare Position hat, dann hilft das im Betrieb ungemein. Wichtig sind die demokratischen Multiplikator*innen im Betrieb. Die brauchen Unterstützung, wie sie die Debatten dort führen können und dabei auch über einen längeren Zeitraum diskursfähig bleiben.

Der »Luxus« einer Bildungsveranstaltung und sei es eine Tagesveranstaltung, einfach Zeit zu haben, über Themen nachzudenken, ist nicht zu überschätzen. Das ist möglicherweise eine Binsenweisheit, aber ich habe den Eindruck, dass es bei vielen noch nicht hinreichend angekommen ist, dass wir diese Reflexionszeit brauchen. Es gibt ja auch die Forderung nach einer Demokratiezeit im Betrieb, was nichts anderes ist als erweiterte Bildungs- und Austauschmöglichkeiten. Und es gibt neue Formate, Bildungsblitze zum Beispiel. Wichtig ist, nicht darauf zu warten, dass Leute sich irgendwann mal auf den Weg ins Bildungszentrum oder in ein Tagungshaus machen, sondern direkt in die Geschäftsstelle zu gehen.

Rechte Elitenkritik ausgeweitet auf IG Metall

In den Materialien des »Zentrums« fällt zweierlei auf. Erstens, Anknüpfungspunkt ist die Unzufriedenheit mit den Arbeitsbedingungen. Der zweite Punkt: Sie thematisieren das Gefühl, dass Gewerkschaft und Arbeitgeber in einem Boot sitzen. Rechte Elitenkritik schließt Gewerkschaften mit ein. Wird das in der Bildungsarbeit aufgegriffen?

Auf jeden Fall. Wobei die Beispiele, die ich kenne, letztlich gar nicht so stark auf das Thema schlechte Arbeitsbedingungen abzielen. Ich halte das eher für ein Schaufensterargument in ihren Flyern. Viel gefährlicher ist die Elitenkritik, die hinter dem Vorwurf des Co-Managements steckt. Das ist tatsächlich ein Thema, mit dem viele Beschäftigte sich angesprochen fühlen und es auch selbst ansprechen. Sie haben mitunter tatsächlich Probleme, zwischen Betriebsrat auf der einen Seite und IG Metall auf der anderen Seite zu unterscheiden. In der Bildungsarbeit spielt das eine wichtige Rolle. Die Schlussfolgerung: Die Arbeit der Vertrauensleute transparent und auch die der Betriebsräte stärker nachvollziehbar machen. Kritisch angemerkt: Wir feiern das Ergebnis einer Auseinandersetzung oft, ohne den Prozess abzubilden. Das ist für viele dann schwer nachzuvollziehen.

Welche Rolle spielt Alltagsrassismus im Betrieb? Kann die Rechte damit Punkte machen?

Nein, gar nicht. Im Gegenteil. Sie arbeiten mittlerweile auch mit Kolleginnen und Kollegen mit Migrationshintergrund zusammen. 2018, vor der Betriebsratswahl, hatten die in Untertürkheim ca. 140 Leute auf der Liste. Davon waren ein Drittel Leute mit Migrationshintergrund. Manchmal verleitet das zu der Annahme, dass wenn bei den Rechten Migrantinnen und Migranten dabei sind, es nicht so schlimm und rassistisch zugehen kann. Das ist ein Irrtum. Bei genauerer Betrachtung ergibt sich: Einer mit einem griechischen Migrationshintergrund steht der Morgenröte nahe und einer mit kroatischem Hintergrund der Ustascha und einer mit türkischem Hintergrund den Grauen Wölfen. Insgesamt haben wir ja auch einen nicht geringen Anteil von Leuten mit Migrationshintergrund, die die AfD wählen.

Ich glaube, für uns ist es tatsächlich die Herausforderung, dass wir weniger auf den ethnischen Background der Leute schauen, sondern auf Demokratiefestigkeit achten. Das hat weniger mit Staatsangehörigkeit zu tun, sondern ist eine Haltungsfrage. Da müssen wir mehr tun.

Demokratie erfahrbar machen

In welche Richtung? Betriebe sind eher öffentlichkeits- und demokratieferne Räume. Was heißt, Demokratie vor Ort in den Betrieben erfahrbar machen?

Es gibt Untersuchungen, denen zufolge in den Betrieben, in denen Mitbestimmung wirklich aktiv gelebt wird, eine gewisse Resilienz gegenüber rechten Haltungen und Positionen besteht. Da sollten wir tatsächlich genauer hingucken. Die Existenz eines Betriebsratsgremiums allein macht noch nicht den entscheidenden Unterschied. Zumal dann nicht – ich karikiere das jetzt ein wenig –, wenn der männliche Betriebsratsvorsitzende einsame Entscheidungen Top-down nach unten durchstellt. Das wäre in einem eigentlich als demokratisch gedachten Gremium eine undemokratische Vorgehensweise. Je beteiligungsorientierter Vertrauenskörperleitungen und Betriebsratsgremien arbeiten, je mehr die Kolleginnen und Kollegen erleben, dass sie selbstgestaltend aktiv werden können, auch unter den gesetzten Rahmenbedingungen, dass ihr Einsatz etwas Positives bewirkt – desto mehr, glaube ich, nimmt man diese Erfahrung mit und vergisst sie so schnell nicht wieder.

Da sind die vom »Zentrum« mit ihrer Kümmerer-Politik das genaue Gegenteil. Ganz viele haben das Bedürfnis, dass sich etwas ändert, aber es möge uns bitte ein höheres Wesen retten. Unser Ansatz ist genau der andere. Wir leben den aber häufig nicht gut. Wir müssen das tatsächlich beteiligungsorientierter, offener, machen. Es darf auch Spaß machen, da mitzumachen. Die Leute sind zu erreichen, wenn sie das Gefühl haben, sie können sich lustvoll einbringen. Diese Selbstwirksamkeitserfahrungen schreien dann auch eher nach mehr als nach weniger.

Also mehr Freiraum lassen, loslassen. Ich weiß, dass das für viele Kolleginnen und Kollegen in den Gremien echt ein Angang ist. Die sitzen ja nicht einfach aus Jux und Tollerei auf Positionen, die sind sich ihrer

Verantwortung bewusst. Trotzdem kann Neues entstehen, und wenn sich in einem Bereich was ändert, verändern sich auch die Menschen. Wir können und müssen zum Beispiel eine Initiative Mitbestimmung machen, das ist mittel- und langfristig wichtig, aber erst mal haben wir die Rahmenbedingungen, die wir haben. Mein Ratschlag: Wir sollten uns ein paar Leuchtturmbetriebe näher anschauen und danach fragen, was die eigentlich anders machen und was deren Erfahrungen sind? Ich glaube, das wäre echt spannend.

Ernesto Klengel

Rechte Hetze, interkulturelle Zusammenarbeit und Aufgaben betriebsrätlicher Interessenvertretung

Rechte Diskurse reichen tief in die Belegschaften hinein und bedeuten für viele Interessenvertretungen harte Debatten. Allerdings sind funktionierende Mitbestimmungsstrukturen für die radikale Rechte schwieriges Gelände. Denn es gehört zur DNA der betrieblichen Mitbestimmung, die Interessen aller Belegschaftsmitglieder unabhängig von ihrer Herkunft oder weiteren Merkmalen zu vertreten. Außerdem haben die Betriebsräte verschiedene Mittel, um die kulturelle Verständigung im Betrieb zu fördern und gegen menschenfeindliche Umtriebe aktiv zu werden. Angesichts der aktuellen Debatten lohnt es sich, diese Werkzeuge, die das Betriebsverfassungsrecht bietet, genauer zu betrachten.

Interessenvertretung – radikal rechts?

Die AfD propagiert gern, eine Arbeiterpartei zu sein – eine Erzählung, die teilweise verfängt und bei vielen Gewerkschafter*innen und Betriebsräten eine gewisse Ratlosigkeit zurücklässt. Studien zu hohen Zustimmungswerten unter Arbeitern, unter Menschen in schlechter wirtschaftlicher Lage und sogar unter Gewerkschaftsmitgliedern scheinen das zu bestätigen.[1] Offenbar verfängt die gegen »die da oben« gerichtete Demagogie bei manchen Beschäftigten, die sich als machtlos erleben und sich von der »Transformation« nichts Gutes erwarten. An diese Ängste vor Veränderung und vermeintlicher Benachteiligung wiederum knüpfen Erzählungen an, die Alltagsbeobachtungen etwa von »immer mehr Ausländern« aufgreifen und rassistisch wenden.

---

[1] Siehe etwa Schroeder/Weßels (2023): Radikalisiert und etabliert, OBS-Arbeitspapier Nr. 59, S. 22ff.; Forschungsgruppe Wahlen (Hrsg.), Kurzanalyse Europa 2024; DGB (Hrsg.): Europa 2024: So haben Gewerkschafter*innen gewählt; www.dgb.de/aktuelles/news/europa-2024-so-haben-gewerkschafterinnen-gewaehlt; siehe auch den Datenanhang in diesem Band.

Es mag die Befunde etwas relativieren, dass sich Mehrheiten gegen die AfD aussprechen, dass die Einordnung der eigenen wirtschaftlichen Situation eine Selbsteinschätzung ist und die Abfrage der Gewerkschaftsmitgliedschaft sämtliche Gewerkschaften erfasst, nicht nur die DGB-Gewerkschaften.[2] Vor allem aber sind die Strukturen der organisierten Arbeiterschaft stabile Säulen der Solidarität, rechte Listen blieben bei Betriebsratswahlen bisher unter den Erwartungen. Dennoch: Die AfD erfährt neben entschiedener Ablehnung auch große Unterstützung unter Erwerbstätigen. Das macht sie aber noch nicht zur Arbeiterpartei, im Gegenteil: Dass die AfD bei Mindestlohn oder der Tarifbindung Positionen vertritt, die den Interessen der Erwerbstätigen entgegenlaufen, ist bekannt.[3] Wirtschaftliche Herausforderungen werden geleugnet und es wird versucht, jedes Problem auf der Welt mit der Migrationspolitik zu verknüpfen. Die Rechten drücken sich konsequent um klare Positionen zu den kollektiven Institutionen der Arbeitswelt, und wenn sie sich äußern, lehnen sie Instrumente zur Stärkung der Tarifbindung ab und diffamieren DGB-Gewerkschaften.[4]

Diese Verschleierungstaktik ist aus Sicht der radikalen Rechten durchaus nachvollziehbar, denn in Bezug auf die Institutionen der kollektiven Interessenvertretung sind sie in einen neoliberalen und einen völkischen Flügel gespalten und befinden sich in einem strategischen Dilemma:[5] Spricht etwa die AfD sich offen gegen Betriebsräte und Gewerkschaften aus, wird ihr arbeiterfeindlicher Charakter offensichtlich. Forderte

[2] So repräsentiert etwa der Beamtenbund nach eigenen Angaben 1,3 Mio. Mitglieder, der Christliche Gewerkschaftsbund 0,3 Mio. – gegenüber 5,7 Mio. Mitgliedern in den DGB-Gewerkschaften.

[3] Siehe etwa Pühringer/Beyer/Kronberger (2021): Soziale Rhetorik, neoliberale Praxis, OBS-Arbeitspapier 52; siehe dazu auch die weiteren Beiträge in diesem Band.

[4] Bartels, Michael (2023): Die neue Arbeiterpartei? Wie sich die AfD zu Tarifpolitik und betrieblicher Mitbestimmung verhält, in: Sozialismus.de 11/2023, S. 43; Samuel Greef, Rechtspopulismus und Gewerkschaften in Deutschland. Was ist die Position der AfD zum sozialen Dialog?, in: Samuel Greef/Alain Olive/Jean-Marie Pernot/Johan Sjölander/Emanuele Toscano (Hrsg.), Rechtsextreme Parteien und sozialer Dialog. Herausforderungen für Gewerkschaften in Frankreich, Schweden, Italien und Deutschland; library.fes.de/pdf-files/bueros/paris/19278.pdf, S. 8.

[5] Barthel, Die neue Arbeiterpartei?, a.a.O., S. 43.

sie hingegen, die Interessenvertretungen der Beschäftigten zu stärken, so würde sie betriebliche Strukturen stützen, die konkrete Interessenpolitik der Beschäftigten betreiben, anstatt hyperpolitische Nebelkerzen[6] zu werfen und die künstliche Spaltung entlang Herkunft, Impfstatus oder anderen Kriterien zu vertiefen, die Lebensgrundlage der Partei.

Dass eine funktionierende Mitbestimmung am Arbeitsplatz die Anfälligkeit für radikal rechte Erzählungen reduziert, wurde mehrfach beschrieben. Aktuell zeigt eine groß angelegte Studie des WSI der Hans-Böckler-Stiftung, für die 15.000 Beschäftigte in zehn EU-Mitgliedstaaten befragt wurden, dass es einen klaren Zusammenhang gibt zwischen den Erfahrungen, den Menschen in ihrem Arbeitsleben machen, und ihren positiven Einstellungen zur Demokratie. Die Leiterin des WSI, Bettina Kohlrausch, fasst die Ergebnisse so zusammen: »Eine wichtige Rolle spielen etwa faire Bezahlung, das Gefühl, bei Arbeitsmenge und Arbeitszeiten nicht dem Arbeitgeber ausgeliefert zu sein sowie Beteiligungsrechte im Job, wie sie insbesondere durch Gewerkschaften und Institutionen der Mitbestimmung vorangetrieben werden – etwa in Deutschland durch Betriebs- und Personalräte.«[7] Offensichtlich hat die AfD im kollektiven Arbeitsrecht nicht viel zu gewinnen, aber einiges zu verlieren.

Die Betriebsverfassung als Ort der Interessenvertretung aller Beschäftigten

Die Analyse der Rechtslage zeigt, woran es liegt, dass die betriebliche Mitbestimmung widerstandsfähig gegen rechte Vereinnahmung ist.

Menschenbild und Grundprinzipien der betrieblichen Mitbestimmung

Die betriebliche Mitbestimmung beschränkt das – ansonsten nach billigem Ermessen bestehende – Weisungsrecht des Arbeitgebers, bewahrt so die Beschäftigten vor einer zu weit gehenden Fremdbestimmung am

[6] Siehe hierzu: Jäger, Anton(2023): Hyperpolitik. Extreme Politisierung ohne politische Folgen, Berlin.

[7] Pressemitteilung der Hans-Böckler-Stiftung vom 3.6.2024; www.boeckler.de/pdf/pm_wsi_2024_06_03.pdf – die Studie selbst ist zum Redaktionsschluss noch nicht veröffentlicht worden.

Arbeitsplatz und ist somit auch ein Ausdruck der Menschenwürde.[8] Der Betriebsrat wird von der gesamten Belegschaft gewählt. Die halbjährlichen Betriebsversammlungen, die unzähligen Gespräche im Betriebsratsbüro und an den Arbeitsplätzen, die Beschäftigungsbefragungen und die bis hin zu Abwahlanträgen gemäß § 23 Abs. 1 BetrVG abgesicherte Rechenschaftspflicht des Betriebsrats binden seine Arbeit betriebsdemokratisch an die Belegschaft. Der Betriebsrat ist daher die demokratische Interessenvertretung der gesamten Belegschaft des Betriebs.

Die Aufgaben des Betriebsrats bringen es mit sich, die kollektiven Interessen der Belegschaft zu ermitteln und zu vertreten, und zwar unabhängig von der Herkunft und von anderen persönlichen Merkmalen: Der Betriebsrat ist für alle Belegschaftsangehörige zuständig, wobei seit über 50 Jahren ausländische Beschäftigte sowohl das aktive als auch das passive Wahlrecht zum Betriebsrat haben: § 7 BetrVG enthält keine Differenzierung nach der Staatsangehörigkeit. Ausländische Beschäftigte sind selbstverständlich an Betriebsversammlungen zu beteiligen. Um die Sprachbarriere zu überwinden, werden hier auch aufgrund einer eher unklaren Rechtsprechung zwar nicht immer Dolmetscher*innen herangezogen.[9] Es finden sich aber oft kreative Lösungen, etwa hilfsbereite Kolleg*innen, die die Übersetzung in Eigenregie übernehmen, oder Übersetzungstools. Ausländische Beschäftigte erleben hier mitunter erstmals in Deutschland, dass es auf ihre Stimme ankommt. Die beachtliche Zahl von Betriebsratsmitgliedern unterschiedlicher Herkunft, die auch hervorgehobene Positionen übernehmen, zeigt, dass die betriebliche Mitbestimmung ein Ort der interkulturellen Zusammenarbeit ist.[10]

---

8 Vgl. Deinert/Däubler/Wedde/Klebe, in: Däubler/Klebe/Wedde (Hrsg.), BetrVG, 19. Aufl. 2023, Einl. Rn. 47; zur rechtlichen Rekonstruktion des Betriebsverfassungsrechts s. Rödl, Kollektives Arbeitsrecht als Privatrecht. Hier: betriebliche Mitbestimmung, in: Deinert/Heuschmid/Kittner/Schmidt, FS Klebe 2018, S. 325.

9 LAG Chemnitz v. 10.10.2023 – 2 TaBVGa 2/23: Die Heranziehung von Dolmetscher*innen zu einer Betriebsversammlung sei eine Einzelfallentscheidung; demgegenüber zur Pflicht, ausländische Arbeitnehmer*innen über die Betriebsratswahl nicht allein auf Deutsch zu unterrichten BAG v. 13.10.2004 – 7 ABR 46/08.

10 Benner, Christiane/Ghirmazion, Fessum (2017): Mitglieder mit Migrationshintergrund in der IG Metall – Gewerkschaften und Arbeitswelt als Wegbereiter für Integration, in: WSI Mitteilungen 4/2017, S. 296.

Natürlich wird die betriebliche Interessenvertretung von den verschiedenen Gremien auf sehr unterschiedliche Weise ausgefüllt. Strukturell befördert die rechtliche Konstitution des Betriebsrats als Gremium aber die Integration verschiedener Perspektiven. Weitergehende Möglichkeiten zur betriebs- und grenzüberschreitenden Solidarität, wie im Gesetzentwurf für ein modernes Betriebsverfassungsgesetz vorgeschlagen, wären wünschenswert.[11] Immerhin aber erleichtern Gewerkschaftsrechte im Betriebsverfassungsrecht (etwa die Möglichkeit gewerkschaftlicher Betriebsratslisten oder der Tarifvorrang des § 77 Abs. 3 BetrVG, der insbesondere bei den »harten Fragen« von Entgelt und Arbeitszeit zum Tragen kommt) eine betriebsübergreifende Perspektive.

Förderung der interkulturellen Zusammen-Arbeit als Betriebsratsaufgabe

Dass Betriebsräte die interkulturelle Zusammen-Arbeit im Betrieb fördern, ergibt sich nicht nur implizit aus ihrer rechtlichen Konstitution, sondern ist als Aufgabe der Gremien ausdrücklich im Gesetz verankert: Gemäß § 80 Abs. 1 Nr. 7 BetrVG fördert der Betriebsrat »die Integration ausländischer Arbeitnehmer im Betrieb und das Verständnis zwischen ihnen und den deutschen Arbeitnehmern« und beantragt »Maßnahmen zur Bekämpfung von Rassismus und Fremdenfeindlichkeit im Betrieb«. Nach § 75 BetrVG hat er zusammen mit dem Arbeitgeber darüber zu wachen, dass jede Diskriminierung im Betrieb unterbleibt. Dies erlaubt es ihm, aktiv Maßnahmen zur Gleichstellung, Integration und Förderung ausländischer Beschäftigter zu ergreifen. Um mögliche Benachteiligungen im Betrieb zu ermitteln, kann er eigene Befragungen und andere Ermittlungen durchführen und vom Arbeitgeber die Herausgabe von Unterlagen verlangen.[12]

---

[11] Vgl. die Vorschläge zur Kostentragung von transnationalen Kontakten im vorgeschlagenen § 80 Abs. 4 BetrVG oder der Interessenvertretung in internationalen Konzernen (§ 54 Abs. 3 BetrVG n.F.) bei Allgaier/Bolte/Buschmann/Däubler/Deinert/zu Dohna/Eder/Heilmann/Jerchel/Klapp/Klebe/Wenckebach, Betriebliche Mitbestimmung für das 21. Jahrhundert, AuR-Sonderbeilage 2022, abrufbar unter www.hugo-sinzheimer-institut.de.

[12] Zu Befragungen zuletzt LAG Chemnitz v. 15.7.2022 – 4 TaBvGa 1/22, zu weiteren Ermittlungen § 80 Abs. 2, 3 BetrVG.

Seine Aufgabenzuweisung hat er bei all seinen Aktivitäten zu beachten, auch bei seiner »Königsdisziplin«, der Aushandlung von Betriebsvereinbarungen. Ein erzwingbares Mitbestimmungsrecht, um den Arbeitgeber zu Verhandlungen über Betriebsvereinbarungen über die Förderung der interkulturellen Zusammenarbeit und Bekämpfung von Fremdenfeindlichkeit an den Tisch zu bringen, besteht allerdings nicht. Nach § 88 Nr. 4 BetrVG sind Betriebsvereinbarungen zu dem Thema nur freiwillig möglich. Beispiele hierfür sind Vereinbarungen über die Unterstützung von Geflüchteten im Betrieb, etwa durch die Ausgestaltung eines »Integrationsjahres«,[13] die Einrichtung einer Anlaufstelle bei Diskriminierungserfahrungen oder auch eines Betriebsrats-Ausschusses (§ 28 BetrVG) oder einer Arbeitsgruppe (§ 28a BetrVG) zur Förderung der Gleichstellung.

Da rechte Erzählungen nicht unwidersprochen bleiben dürfen, kommt der Kommunikation des Betriebsrats besondere Bedeutung zu. Ein wichtiger Ort ist die Betriebsversammlung, auf der Betriebsräte das gesetzliche Mandat und den Auftrag haben, Fragen von Integration und Schutz vor Rassismus zu thematisieren (§ 45 S. 1 BetrVG). Auch weit darüber hinaus ist die Kommunikation mit den Beschäftigten eine Betriebsratsaufgabe, weshalb der Betriebsrat die hierfür ggf. erforderliche Informationstechnik nutzen kann (§ 40 Abs. 2 BetrVG). Er kann die Kolleg*innen am Arbeitsplatz aufsuchen, während der Arbeitszeit Gespräche führen und zu Themen wie der interkulturellen Zusammenarbeit im Betrieb in den eigenen Formaten (etwa über das Intranet oder den Betriebsrat-Newsletter) Kommentare abgeben. Betriebsräte sind in ihrer Ansprache aber nicht an die bestehenden Formate gebunden, sondern können neue Mittel und Kanäle wie Chatgruppen oder Social Media nutzen, um gezielt Informationen in der Belegschaft zu verbreiten und in den Austausch zu gehen.[14] Jedenfalls können sie auf die Kommunikationskanäle zurückgreifen, die im Betrieb genutzt werden. Im Sinne der interkulturellen Verständigung

---

[13] So etwa verankert im Tarifvertrag der bayerischen Metall- und Elektroindustrie zur Integration Geflüchteter, der durch freiwillige Betriebsvereinbarungen ausgestaltet wird.

[14] Überblicksartig Asgarzoei/Hentschel (2017): Soziale Medien gezielt nutzen, AiB, Heft 11, S. 18; Berg, in DKW (Fn. 8), § 42 BetrVG Rn. 2.

können sie zudem darauf hinwirken, dass Informationen in mehreren Sprachen zur Verfügung gestellt werden.

Aber auch über die Kommunikation hinaus spielt die Aufgabe zur Bekämpfung von Fremdenfeindlichkeit eine Rolle. So hat der Arbeitgeber gemäß § 13 des Allgemeinen Gleichbehandlungsgesetzes Beschwerden von Beschäftigten zu behandeln – bezüglich des genauen Verfahrens kann der Betriebsrat gemäß § 87 Abs. 1 Nr. 1 BetrVG (»Ordnung des Betriebs und Verhalten der Arbeitnehmer im Betrieb«) mitbestimmen.[15] Betriebsräte können darauf drängen, dass bei der Festlegung von Dienst- oder Urlaubsplänen auf religiöse Vorschriften geachtet wird (§ 87 Abs. 1 Nr. 2, 5 BetrVG), Aufgrund der strukturellen Benachteiligung ausländischer Arbeitnehmer*innen auf dem Arbeitsmarkt können Betriebsräte insbesondere im Rahmen der Personalplanung (§ 92ff. BetrVG) oder der Förderung der Berufsbildung (§ 96ff. BetrVG) auf deren Gleichstellung achten. Leider steht ihnen allerdings auch hier kein zwingendes Mitbestimmungsrecht zur Seite.

Eine alltägliche und wichtige Rolle des Gremiums im Betrieb besteht darin, Konflikte innerhalb der Belegschaft zu lösen, aber auch Beschwerden entgegenzunehmen, an den Arbeitgeber heranzutragen (§ 85 Abs. 1 BetrVG) und – anlassbezogen – Maßnahmen im Interesse der Belegschaft beim Arbeitgeber zu beantragen (§ 80 Abs. 1 Nr. 2 BetrVG). Auch dadurch trägt das Gremium zum Zusammenhalt der Belegschaft bei. Wenn ein*e Arbeitnehmer*in durch rassistische oder fremdenfeindliche Betätigungen den Betriebsfrieden »wiederholt ernstlich« stört, kann das Gremium sogar deren Versetzung oder Entlassung verlangen (§ 104 BetrVG) – eine Vorschrift, die in der Praxis jedoch geringe Bedeutung erlangt.[16] Ähnliches gilt für § 99 Abs. 2 Nr. 6 BetrVG, wonach der Betriebsrat die Zustimmung zu personellen Einzelmaßnahmen wie Einstellungen oder Versetzungen verweigern kann, wenn zu befürchten ist, dass die betreffenden Arbeitnehmer*innen sich rassistisch oder fremdenfeindlich betätigen.

---

[15] Siehe etwa BAG v. 21.7.2009 – 1 ABR 42/08; ausführlich zur Rechtslage Klebe, in: Däubler/Klebe/Wedde (Hrsg.), BetrVG, 2023, § 87 Rn. 63.

[16] Näher etwa Hlava/Klengel, in: Deinert/Wenckebach/Zwanziger (Hrsg.), Arbeitsrecht-Handbuch, 11. Aufl. 2023, § 107 Rn. 74 ff.

Bisweilen steht der Betriebsrat dabei vor einem Dilemma: Seine gesetzliche Aufgabe besteht darin, die Interessen sämtlicher Belegschaftsangehörigen zu wahren, auch derjenigen, die im Verdacht stehen, sich rassistisch zu betätigen. Der Betriebsrat ist kein mit besonderen Rechten ausgestattetes Untersuchungsgremium, sondern er hat darauf zu achten, dass auch in »harten Fällen« Arbeitsrechte nicht geschleift werden. Ein vom Bundesarbeitsgericht im Jahr 2023 entschiedener Fall[17] hat diese Problematik anschaulich auf den Punkt gebracht: In einer privaten WhatsApp-Gruppe fallen massive menschenverachtende, rassistische Äußerungen. Kann der Arbeitgeber, der davon Kenntnis erlangt, darauf eine Kündigung stützen? Und wie sollte sich der Betriebsrat in solchen Fällen, in denen es erst einmal ja um einen gerichtlich noch nicht bestätigten Verdacht geht, verhalten? Der Fall wurde auch in der arbeitnehmernahen Arbeitsrechtswissenschaft unterschiedlich bewertet.[18] Der Betriebsrat hatte der Kündigung zugestimmt, auch das Bundesarbeitsgericht hat die Kündigung akzeptiert.

Um seinen Aufgaben auch in schwierigen Fällen nachzukommen, kann der Betriebsrat Sachverstand heranziehen (§ 80 Abs. 3 S. 1 BetrVG) – die Kosten sind vom Arbeitgeber zu tragen. In der Praxis kommen die Gremien aber häufig ohne entsprechende Beratungen aus. Verbreitet wird jedoch auf Schulungsveranstaltungen gemäß § 37 Abs. 6 BetrVG zurückgegriffen, die auch zur Stärkung der interkulturellen Kompetenz angeboten werden.

Der Betriebsrat als Überwacher der Einhaltung des Arbeitsrechts im Betrieb

Eine weitere Aufgabe von Betriebsräten besteht darin, die Einhaltung von Beschäftigtenrechten am Arbeitsplatz zu überwachen (§ 80 Abs. 1 Nr. 1 BetrVG). Stellt der Betriebsrat fest, dass der Arbeitgeber Arbeitsrecht außer Acht lässt, kann er auf Abhilfe drängen, auch betriebsöffentlich auf Betriebsversammlungen, auf denen er allgemein vom Arbeitgeber einen Bericht über die Integration der ausländischen Arbeitnehmer*innen verlangen kann (§ 43 Abs. 2 BetrVG). Zu den Schutz-

[17] BAG v. 24.8.2023 – 2 AZR 17/23.

[18] Ausführlich etwa Wenckebach, Arbeitsrecht gegen Rassismus, in: Gallner (Hrsg.), Jahrbuch des Arbeitsrechts 2022, S. 155, 168 f.; Däubler, CuA 3/2023, 25.

vorschriften zählen natürlich auch die Verbote von Diskriminierungen oder rassistischen Beleidigungen. Oftmals genügt dieses Vorgehen bereits, sodass die weiteren Instrumente des Betriebsrats, etwa die Zusammenarbeit mit staatlichen Behörden oder die Nutzung der Möglichkeiten des Hinweisgeberschutzgesetzes (»Whistleblowing«), nicht gezogen werden müssen. Bemerkenswert ist auch, dass dem Betriebsrat im Allgemeinen Gleichbehandlungsgesetz besondere Rechte zugewiesen werden: Nach § 17 Abs. 2 AGG sind Verstöße gegen das AGG (Benachteiligungsverbot, Unterlassung vorbeugender Maßnahmen oder Schulungen nach § 12 AGG) grobe Pflichtverletzungen, wobei ausdrücklich geregelt wird, dass der Betriebsrat gegen diese Verstöße im Zweifel auch gerichtlich vorgehen kann (§ 23 Abs. 3 BetrVG). Die Einhaltung des Schutzes der Belegschaftsangehörigen vor Fremdenfeindlichkeit gehört also zur Aufgabe des Betriebsrats.

Fazit und rechtspolitische Perspektiven

Die Rechtsstellung des Betriebsrats im Betriebsverfassungsrecht ist so ausgestaltet ist, dass die betriebliche Mitbestimmung für die politische Rechte ein schwieriges Terrain sein kann. Betriebsräte haben bei der Integration ausländischer Beschäftigter und für den interkulturellen Dialog am Arbeitsplatz und beim Kampf gegen Rassismus eine wichtige Funktion: Schon ihre Einrichtung ist Ausdruck von Menschenwürde und Demokratie und wirkt als Mindestschutz vor Fremdbestimmung am Arbeitsplatz. Die gesetzlichen Aufgaben der Betriebsräte bringen es mit sich, dass sich die Belegschaft als solche konstituiert und ihre Interessen kollektiv artikuliert. Das erschwert rechte Strategien der Spaltung anhand von Scheinwidersprüchen.

Die Betriebsverfassung gibt den Betriebsräten darüber hinaus die Aufgabe und auch einige Instrumente an die Hand, um interkulturelle Verständigung im Betrieb zu fördern und gegen rechte Umtriebe im Betrieb vorzugehen. Bedauerlicherweise können Betriebsräte viele Maßnahmen in diesem Sinne allerdings nur anregen und auf die Einhaltung geltenden Rechts hinwirken. Das führt dazu, dass nach der geltenden Rechtslage die Aufgaben des Betriebsrats, zur Gleichstellung aller Belegschaftsangehörigen unabhängig von ihrer Herkunft beizutragen, weiterreichen als die rechtlichen Instrumente, die den Gremien tatsächlich dafür zur Verfügung stehen. Dies gilt es zu ändern. Insbesondere bedarf es – wie vom DGB-Entwurf für ein modernes Betriebsverfassungsgesetz vorgeschlagen[19] – eines zwingenden Mitbestimmungsrechts für die Gleichberechtigung und Maßnahmen gegen Fremdenfeindlichkeit, damit Betriebsräte Dinge wie Sprachkurse oder die unkomplizierte Anerkennung von ausländischen Zertifikaten voranbringen können. Diese Rolle des Betriebsrats gilt es zu stärken. Die schleichende Erosion von Mitbestimmungsstrukturen muss dafür gestoppt und in ihr Gegenteil verkehrt werden.

[19] Siehe Allgaier/Bolte u.a. (Fn. 6), zu § 92 Abs. 3 BetrVG n.F.

Jürgen Reusch

Arbeitspolitik 2024

Fakten, Literatur, Links

Die vorliegende Datensammlung greift die von Hans-Jürgen Urban formulierte These von der »Verwilderung der Arbeitsbeziehungen«[1] auf. Diese bezieht sich auf die seit Langem anhaltende, vor allem seit den verschiedenen Krisen der Jahre 2020ff. massiv beschleunigte Digitalisierung, zeitliche Flexibilisierung und De-Lokalisierung der Arbeitsverhältnisse. Hier spitzen sich Konflikte weiter zu, die auch schon über die vergangenen Jahre hinweg in ihrer Auswirkung auf die Arbeitswelt analysiert wurden.[2]

Vor allem seit der großen Finanzkrise der Jahre 2008/09 wurde diese Entwicklung mit dem Begriff der »prekären Vollerwerbsgesellschaft« auf den Punkt gebracht.[3] Prekarität im weitesten Sinne wird damit mehr und mehr zu einer »normalen« Organisationsform der Arbeitsverhältnisse, das herkömmliche, auf den Betrieb bezogenen »Normalarbeitsverhältnis« erodiert. Diese Entwicklung vollzieht sich in zwei Bereichen:

- Zum einen in einem zahlenmäßig wachsenden Sektor von Erwerbstätigen, die in digital gestützten Arbeitsformen außerhalb der herkömmlichen Arbeits- und Sozialverfassung und ihrer arbeitsrechtlichen Standards arbeiten. Das betrifft u. a. den wachsenden Anteil der Cloud- und Clickworker, aber auch die vielen Scheinselbstständigen, die auf der Basis von digitalen Plattformen und Arbeitsmitteln ihren Lebensunterhalt bestreiten, zudem auch die große Zahl der offline Arbeitenden (Uber, Lieferando usw.), die in privaten Haushalten Beschäftigten usw. – alles Arbeitstätigkeiten jenseits der allermeisten sozial- und arbeitsrechtlichen Standards.
- Zum zweiten zeigt sich diese Entwicklung auch als soziale Erosion in großen Bereichen innerhalb der institutionellen Arbeits- und

[1] Urban, Hans-Jürgen(2022): Digitalisierung und die Verwilderung der Arbeitsbeziehungen, in: Ewen, Janis/Nies, Sarah/Seeliger, Martin (Hrsg.): Sozialpartnerschaft im digitalisierten Kapitalismus, Weinheim, S. 82ff.

[2] Siehe zuletzt Jahrbuch Gute Arbeit 2023, Datenanhang, S. 231ff.

[3] Dörre, Klaus (2014): Prekarisierung und Gewerkschaften – Gegenstand einer öffentlichen Soziologie, in: Jahrbuch Gute Arbeit, S. 25ff.

Sozialbeziehungen. Das ist die Mehrheit der in den Betrieben Arbeitenden. Hier wachsen allerdings die Sektoren an den Rändern der »Normalarbeit«, und der hier formal weiter bestehende arbeits-, tarif- und sozialrechtliche Schutz wird sukzessive unterlaufen und ausgehöhlt. Viele Instrumente des Arbeits- und Gesundheitsschutzes wirken nur für die Stammbelegschaften. Die Erosion setzt schon ein für jene sozialversicherungspflichtig Beschäftigten, die nun dauerhaft (teilweise) außerhalb der Betriebe mobil arbeiten. Noch sehr viel mehr gilt das für die prekären »Randgruppen«, und dieser Prozess erodiert auch die rechtlichen Standards im bisherigen Normalarbeitsverhältnis.

Weitere Erosion des Normalarbeitsverhältnisses

Die Beschäftigungsentwicklung der Jahre seit 2008/09 wird amtlich meist als positive Entwicklung beschrieben, nur kurzzeitig gestört durch die Krisenphase 2020/22. Und tatsächlich sind die Beschäftigungszahlen ja auch konstant nach oben gegangen (siehe Tab. 1 auf der folgenden Seite). Aber Vorsicht: Während es z. B. 1991 noch fast 29 Mio. unbefristete Vollzeitbeschäftigte gab, stagniert diese Zahl seit den 2000er-Jahren bei rund 25 Mio., während die Zahl der sozialversicherungspflichtig beschäftigten Arbeitnehmer*innen insgesamt von knapp 36 auf über 42 Mio. gestiegen ist.

Im Kern ist die Entwicklung also geprägt durch die rasante Ausweitung der Teilzeitarbeit (siehe Tab. 1) zulasten der Vollzeitbeschäftigung und die Ausbreitung schlecht bezahlter, häufig nicht tarifgebundener, unsicherer, nicht Existenz sichernder und daher prekärer Arbeitsformen. Dazu gehören auch Beschäftigungsformen innerhalb der institutionellen Arbeits- und Sozialbeziehungen, die aber trotzdem prekär sind, so etwa befristete und/oder mit Niedriglohn bezahlte Stellen.

Abgesehen von der mit der Transformation verbundenen Unsicherheit vieler Arbeitsplätze wird diese Erosion des Normalarbeitsverhältnisses auch als Deregulierungs- und Prekarisierungsdruck bei den noch normal Beschäftigten spürbar, auch bei denen, deren Arbeitsplätze tariflich gesichert sind. Das Bewusstsein für sich vertiefende Klassenspaltungen in der kapitalistischen Arbeitsgesellschaft erzeugt oder verstärkt Gefühle der Unsicherheit, Herabsetzung und fehlenden Anerkennung

Tab. 1: Beschäftigung und Arbeitsvolumen 1991–2024 (in 1.000)

	2000	2010	2015	2019	2020	2021	2022	2023	2024
Arbeitnehmer*innen	35.922	36.533	38.721	41.102	40.860	40.991	41.687	42.054	42.273
Vollzeit	25.309	22.825	23.705	25.256	25.145	25.258	25.534	25.649	25.658
Teilzeit	10.613	13.707	15.017	15.846	15.715	15.733	16.153	16.450	16.615
Teilzeitquote	29%	37,5%	38,8%	38,6%	38,5%	38,4%	38,7%	39,0%	39,3%
Arbeitsvolumen (in Mio. Stunden)	48.837	47.845	51.756	54.829	51.430	53.518	54.317	54.707	55.347

Zahlen für 2024 sind Schätzungen mit Stand vom Juni 2024; Teilzeit = inkl. geringfügige Beschäftigung; Arbeitsvolumen einschl. Nebenjobs. Quelle: IAB Kurzberichte 6/2016, 9/2017, 7/2018, 18/2019, 7/2020, 6/2021, 7/2022, 6/2024

Abb. 1: Betriebe und Beschäftigte mit Tarifbindung (Daten in %)

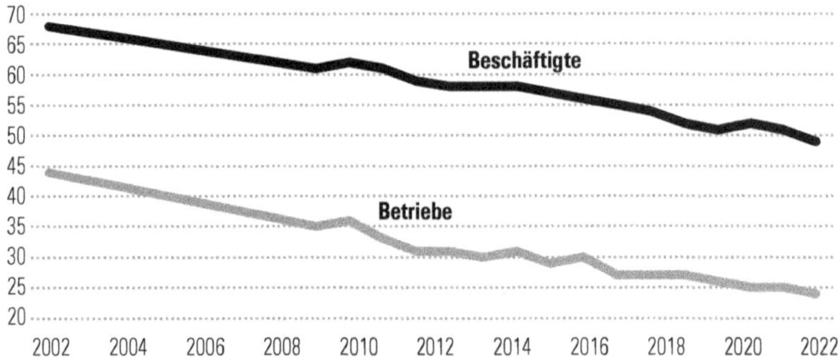

Quelle: WSI, Analysen zur Tarifpolitik, April 2024

durch »die da oben« und bildet einen Nährboden für rechtsextreme und rechtspopulistische Ressentiments.

Zwischen 1991 und 2023 stieg die Zahl der Erwerbstätigen insgesamt von etwa 38 Mio. auf 46 Mio. Diese prekäre Vollerwerbsgesellschaft geht mit einer starken Erosion der Tarifbindung einher, die sich aktuell auf einem bedenklichen Niedrigstand verfestigt hat (siehe Abb. 1). Während z.B. in der alten Bundesrepublik 85% der Beschäftigten mit einem Tarifvertrag arbeiteten (Bosch/Kalina, IAQ-Forschung 3/2017), gingen diese Werte nach 1991 rapide zurück. 2000 hatten 68% der Beschäftigten einen Tarifvertag, 2022 war diese Zahl bereits auf 51% geschrumpft, darunter aber nur 41% mit einem Branchentarifvertrag, 10% mit Haus- oder Firmentarifverträgen. 2023 arbeiteten nur noch 49% der Beschäftigten mit Tarifvertrag. Die Erosion der Tarifbindung betrifft zwar vor allem kleinere und mittelgroße Betriebe, aber auch große Un-

Tab. 2: Vorhandensein von Betriebsräten nach Betriebsgröße (2023)

Anzahl der Beschäftigten	Betriebe mit Betriebsrat (%)	Keine Tarifbindung	Weder Tarifbindung noch Betriebsrat (%)
5–9	2%	79%	78%
10–20	7%	67%	66%
21–50	16%	65%	61%
51–100	32%	56%	46%
101–200	48%	52%	37%
Über 200	73%	31%	15%
Gesamt	8%		

Quelle: IAB-Betriebspanel 2023

ternehmen haben dazu beigetragen. Von den 40 führenden Kapitalgesellschaften haben sieben keinen Tarifvertrag. Viele weitere haben Tochtergesellschaften, die ebenfalls tariflos sind.

Mit der Erosion der Tarifbindung verlieren auch die gewerkschaftliche Verankerung in den Betrieben und die betriebliche Mitbestimmung an Boden. 2023 hatten nur noch 8% aller Betriebe insgesamt einen Betriebsrat (siehe Tab. 2). Das waren vor allem die größeren und Großbetriebe. Und in Westdeutschland arbeiteten 2021 noch 39% aller Beschäftigten in einem Betrieb mit Betriebsrat. In den östlichen Bundesländern waren es nur noch 34%. 2022 hatten in Westdeutschland 43% der Beschäftigten einen Betriebsrat. In Ostdeutschland schrumpfte diese Zahl auf nur noch 29%.

In vielen Überblicksdarstellungen heißt es, dass etwa 20% der Beschäftigten im Niedriglohnsektor tätig seien. Gemeint ist: Ein Fünftel der 26 Mio. sozialversicherungspflichtig Vollzeitbeschäftigten. Das wären gut 5 Mio. Menschen. Zur Gruppe der sozialversicherungspflichtig Vollzeitbeschäftigten zählt das Statistische Bundesamt allerdings auch die rund 4,5 Mio. Teilzeitbeschäftigten, die mehr als 20 Wochenstunden arbeiten. Zählen wir diese hier realistischerweise eher zu den atypisch Beschäftigten, und rechnen noch die befristet Beschäftigten (2,3 Mio.), die Teilzeitbeschäftigten unter 20 Wochenstunden (4,2 Mio.), die Minijobber*innen (rd. 1,7 Mio.) und die Leiharbeitsbeschäftigten (0,9 Mio.) hinzu (alle Zahlen für 2021), so sind das bereits 13,6 Mio. Arbeitende, von denen wahrscheinlich ein erheblicher Teil dem Niedriglohnsektor zuzurechnen ist. Mitzuzählen sind auch die Werkvertragsbeschäftigten sowie die rd. 2,3 Mio. Soloselbstständigen. Dann kommen wir auf eine Zahl von mindestens 17 Mio. Arbeitenden, die zu einem beträchtlichen Teil mit Sicherheit auch im Niedriglohnsektor arbeiten. Und das ist insgesamt deutlich mehr als ein Fünftel der Beschäftigten insgesamt.

Homeoffice und mobile Arbeit

Ein erheblicher Teil der Beschäftigten arbeitet heute mobil und nutzt dazu moderne Informations- und Kommunikationstechnologien. Auch das Homeoffice – als eine spezielle Form der mobilen Arbeit –, also die Arbeit mit digitalen Endgeräten im Privatbereich der Beschäftigten, ist eine Massenerscheinung geworden. Die Corona-Krise der Jahre 2020/22 hat diese Entwicklung beschleunigt und verstetigt. Inzwischen zeichnet sich ab: Der Digitalisierungsschub wird bleiben und die Arbeitswelt weiter verändern. Dieser Prozess der De-Lokalisierung, zeitlichen Entgrenzung und Digitalisierung verläuft zwar zu einem großen Teil innerhalb der herkömmlichen Formen der »Normalarbeit«, gleichzeitig weitgehend aber unterhalb des Radars der arbeits- und sozialschutzrechtlichen Regelungen, die zwar teilweise und zögerlich ein Stück weit angepasst wurden, aber im Kern weiterhin hauptsächlich auf den ortsfesten Betrieb fixiert bleiben.

Bis 2019 war Arbeit im Homeoffice für die Beschäftigten eine eher seltene Ausnahme. Nach dem DIW-Wochenbericht 11/2019 arbeiteten zu dieser Zeit lediglich 12% der Beschäftigten regelmäßig oder gelegentlich zu Hause. Inzwischen sind es deutlich mehr, und auch nach dem Abflauen von Corona arbeitet etwa ein Viertel der Beschäftigten regelmäßig oder gelegentlich im Homeoffice (siehe Abb. 2).

Daten der Bundesanstalt für Arbeitsschutz und Arbeitsmedizin (BAuA) zeigen: Der Anteil derjenigen, die von zu Hause arbeiten (können), hat sich zwischen 2019 und 2021 verdreifacht. Das betrifft vor allem Bürobeschäftigte. Während 2019 noch 81% der Beschäftigten keine Vereinbarung zum Homeoffice hatten und nur 19% mit einer solchen Vereinbarung arbeiteten, sah das 2021 völlig anders aus: 48% hatten weiter keine Vereinbarung zur mobilen Arbeit (siehe Abb. 3), 52% hatten inzwischen eine – mit unterschiedlichen Maßen der Arbeit zu Hause. 8% konnten bis zu 20% ihrer Arbeitszeit zu Hause arbeiten, 25% bis zur Hälfte ihrer Arbeitszeit, 12% 50 bis 80% und 16% arbeiteten bis

Abb. 2: Homeoffice-Nutzung 2020–2023

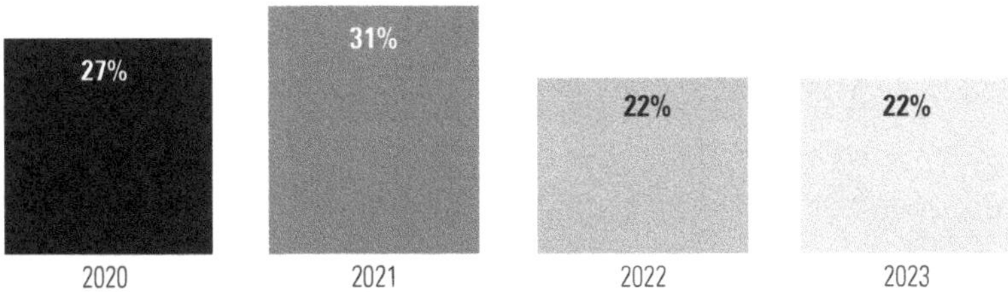

Quelle: Statista 2021, Destatis 2023 und DGB-Index Gute Arbeit 2022

Abb. 3: Noch immer arbeitet ein großer Teil der Beschäftigten »freihändig« im Homeoffice

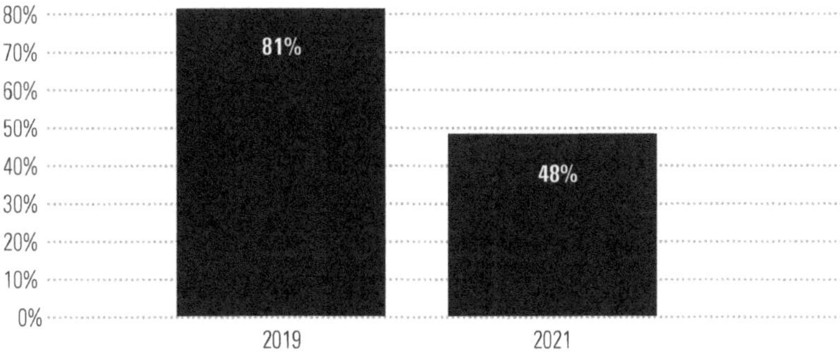

Quelle: SuGA 2022, S. 65

zu 100% zu Hause (Sicherheit und Gesundheit bei der Arbeit [SuGA] der BAuA 2022, S. 65).

Weitere Daten dazu sind teilweise widersprüchlich und unvollständig. Das zeigen die Antworten der Bundesregierung auf eine Kleine Anfrage der Fraktion Die Linke (17.10.2022, Bundestagsdrucksache 20/4120). Nach Daten des Bundesministeriums für Arbeit und Soziales (BMAS) arbeiteten während der Hochzeiten der Pandemie 2020 bis zu 14,6 Mio. Menschen (ganz oder teilweise) zu Hause, das waren rund 35% der Beschäftigten. Die Bundesregierung fasst mobile Arbeit mit der sogenannten Telearbeit zu einer Kategorie zusammen. Insgesamt zeigt sich aber nach der Pandemie eine Verstetigung der mobilen Arbeit insgesamt.

Das inzwischen zum »neuen Normal« zählende Homeoffice ist ein typisches Beispiel für jene neuen Arbeitsformen, die zum großen Teil zwar zum Bereich der institutionellen Arbeits- und Sozialverfassung

Abb. 4: Erwartungen an ständige Erreichbarkeit

»Wie häufig wird von Ihnen erwartet, dass Sie außerhalb Ihrer normalen Arbeitszeit, z. B. per E-Mail oder Telefon, für Ihre Arbeit erreichbar sind?«

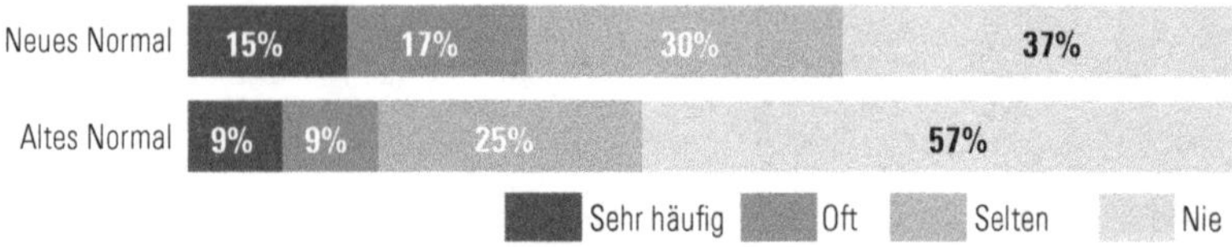

Quelle: DGB-Index 2022

zählen, die aber durch unzureichende gesetzliche Regelungen auch ein Experimentierfeld der »Verwilderung« der Arbeitsbeziehungen bilden. Noch mehr gilt das für die wachsende Zahl freiberuflich – und oftmals prekär – Arbeitender, für die die neuen digitalen Arbeitsmittel die entscheidende Grundlage ihrer Arbeit sind.

Was die mobile Arbeit der abhängig Beschäftigten in den Betrieben betrifft: Das Betriebsrätemodernisierungsgesetz aus dem Jahr 2021 hat dem Betriebsverfassungsgesetz (BetrVG) im § 87 (1) einen Punkt 14 hinzugefügt, demzufolge der Betriebsrat zwar nicht beim »ob«, aber beim »wie«, also bei der konkreten Ausgestaltung der mobilen Arbeit mitzubestimmen hat. Dieser neue Absatz muss aber weiterhin im Zusammenhang mit den § 87 (1) 7 gesehen werden, der für die Mitbestimmung der Betriebsräte bei der Arbeitsgestaltung die ausschlaggebende Bedeutung hat.

Die Arbeitsgestaltung im Homeoffice betrifft zum einen die technische und ergonomische Seite des Arbeitsplatzes im Privatbereich der Beschäftigten. Noch immer findet ein großer Teil der mobilen Arbeit zu Hause unter improvisierten Bedingungen statt (siehe Abb. 3). Häufig nutzen die Beschäftigten dazu ihre privaten Endgeräte. Für die Arbeit im Homeoffice gilt das Arbeitsschutzgesetz wie auch das Arbeitszeitgesetz. Dringend notwendige konkretisierende Regelungen, etwa in der Arbeitsstättenverordnung und in den nachfolgenden Regeln, fehlen aber weiterhin. Damit vergrößert sich zwar der Mitbestimmungsspielraum der Betriebs- und Personalräte.

Es vergrößert sich allerdings auch ihr Aufwand: Sie müssen einen ganzen Katalog von Themen über Betriebsvereinbarungen selbst mit dem Arbeitgeber regeln. Erinnern wir uns aber daran, dass nur noch 39% (West) bzw. 34% (Ost) der Beschäftigten unter Bedingungen eines Betriebsrats arbeiten. Damit wächst der Stellenwert der Betriebsverein-

Tab. 3: Körperliche Belastungen bei der Arbeit 2006–2021
Anteile Betroffener in %; Frage »Wie häufig kommt diese Belastung vor?«; Antwort: »häufig«

	2021	2018	2006
Arbeiten im Stehen	50,7	53,5	56,4
Arbeiten im Sitzen	58,7	52,9	56,4
Zwangshaltungen	15,5	16,6	14,3
Schwer Heben und Tragen	18,4	22,6	22,8
Hitze, Kälte usw.	20,3	20,0	21,2
Arbeit mit den Händen	–	38,7	–
Licht, Beleuchtung schlecht	9,0	9,0	9,3
Lärm	26,3	25,4	23,9

Quelle: BAuA 2021; SuGA 2022

barungen, die die Arbeit im Homeoffice regeln. Das setzt voraus, dass überhaupt ein Betriebsrat existiert, der das übernimmt. Auch hier halten sich hartnäckig große Defizite.

Mobile Arbeit/Arbeit im Homeoffice ist häufiger entgrenzt als an ortsfesten betrieblichen Arbeitsplätzen. Arbeit am Abend, am Wochenende, unbezahlte Arbeit über die vertragliche Arbeitszeit hinaus, Überstunden, verkürzte Ruhephasen und ausgefallene Pausen, nicht abschalten können, häufig unter Zeitdruck, schlechtere Work-Life-Balance und die Frauen benachteiligende Re-Traditionalisierung – alles das kommt im Homeoffice häufiger vor als am betrieblichen Arbeitsplatz. Von den im Homeoffice Arbeitenden wird häufiger vom Arbeitgeber, auch von Kund*innen und Klient*innen erwartet, auch außerhalb der vertraglichen, normalen Arbeitszeit erreichbar zu sein (siehe Abb. 4). 32% berichten, das sei »sehr häufig« oder »oft« der Fall.

Weiterer Wandel des Belastungsspektrums

Seit Jahren vollzieht sich eine Verschiebung im Belastungsspektrum hin zu den psychischen Belastungen. Diese hängt zusammen mit der skizzierten Erosion des Normalarbeitsverhältnisses und der Ausbreitung neuer Arbeitsformen und der Verwilderung der Arbeitsbeziehungen. Körperliche Belastungen bleiben aber ein großes Problem. Aber auch hier hat sich das Spektrum der Belastungen verschoben (siehe Tab. 3). Belastungen durch schweres Heben und Tragen sind über die Jahre etwa

Tab. 4: Körperliche Anforderungen 2023
(Betroffene in %, Antworten »sehr oft« und »oft«)

	Sehr oft	oft
Ungünstige Körperhaltung	32	20
Widrige Umgebungsbedingungen	18	14
Körperlich schwere Arbeit	16	15
Lärm, laute Umgebungsgeräusche	22	18

Quelle: DGB-Index Gute Arbeit 2023

konstant geblieben. Leicht rückläufig, aber immer noch hoch ist der Anteil derjenigen, die im Stehen arbeiten. Knapp 27% derjenigen, die davon berichten, belastet das auch. Arbeit in Zwangshaltungen hat deutlich zugenommen. Der Anteil derjenigen, die sich davon belastet fühlen (knapp 52%), ist ebenfalls gestiegen. Vom häufigen Arbeiten im Sitzen fühlen sich knapp 28% belastet. Auffallend ist die Zunahme der Arbeit mit Lärm. Fast 54% der Betroffenen fühlen sich davon auch belastet. Das belegen die Daten der BIBB-BAuA-Erwerbstätigenbefragungen.

Auch neuere Daten zeigen das gleiche Bild. Ergebnisse des DGB-Index Gute Arbeit für 2023 belegen, dass das Niveau der körperlichen Belastungen weiterhin sehr hoch ist (siehe Tab. 4). Dabei ist zu bedenken, dass körperliche Belastungen selten isoliert auftreten, sondern häufig auch mit psychischen Belastungen verbunden wirken können (z. B. Arbeitsstress unter hoher Lärmbelastung) und dass psychische Belastungen als stärker empfunden werden können, wenn sie mit körperlichen Belastungen verbunden sind (z.B. schweres Heben und Tragen unter Zeitdruck).

Hinzu kommen die hohen psychischen Belastungen bei der Arbeit. Die Zuspitzung verschiedener Krisen vor allem in den Jahren seit 2019 hat diese Belastungen noch verstärkt (siehe Abb. 5). Diese Daten entstammen der BIBB-BAuA-Erwerbstätigenbefragung 2018, die zumeist 2021 veröffentlicht wurden. Ergebnisse der darauffolgenden Befragung 2023/24 liegen noch nicht vor. Allerdings zeigen die Daten des DGB-Index Gute Arbeit 2023, dass sich solche Belastungen auf einem hohen Niveau stabilisiert haben und weiter aktuell sind (siehe Abb. 6). Sie belegen, dass und wie psychische Belastungen am Arbeitsplatz weiterhin ein zentrales Problem der Arbeitsbedingungen und einer guten Arbeitsgestaltung sind.

Abb. 5: Psychische Belastungen (Anteile der betroffenen Beschäftigten in %)

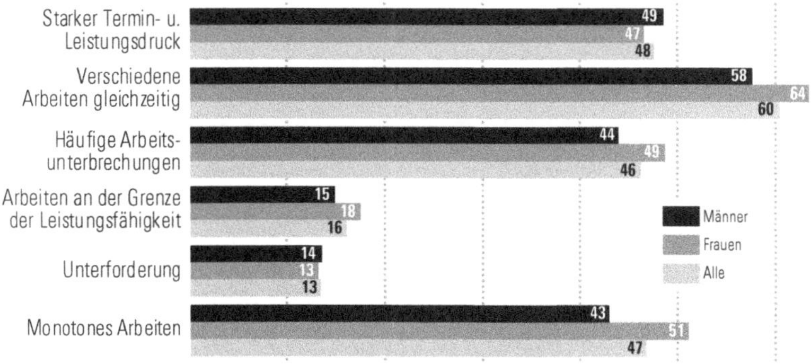

Quelle: BT-Drucksache 20/3671, 2023

Abb. 6: Psychische Belastungen (Anteile in %)

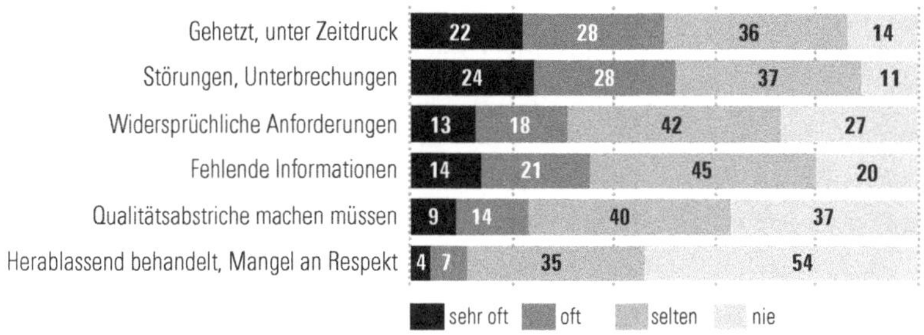

Quelle: DGB-Index Gute Arbeit 2023

Weitere Erosion der früheren Normalarbeitszeit

Die Gestaltung der Arbeitszeiten ist für die Qualität der Arbeit von entscheidender Bedeutung. Humane Arbeitszeiten sind eine Voraussetzung für gute, menschengerechte Arbeitsgestaltung. Haupttendenzen bei der Gestaltung der Arbeitszeiten in den Betrieben und in der Arbeitswelt überhaupt lassen sich heute mit Begriffen wie Entstandardisierung, Ausdifferenzierung und Flexibilisierung erfassen. Die De-Lokalisierung, zeitliche Entgrenzung und Digitalisierung der Arbeit verstärkt diese Tendenzen. Die Arbeitszeiten vieler Beschäftigter sind heute oftmals überlang und zudem flexibel und »atypisch«.

Insgesamt war das von den abhängig Beschäftigten geleistete Arbeitsvolumen 2023 und 2024 (siehe Tab. 1) mit rund 55 Mrd. Stunden das

Abb. 7: Wochenarbeitszeit bei Männern und Frauen (Anteile in %)

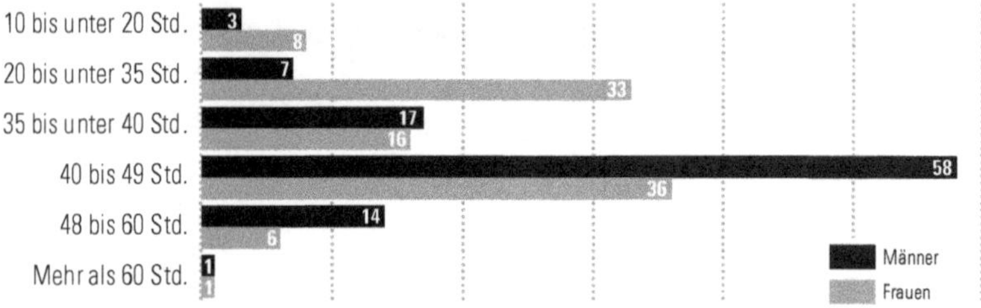

Quelle: BAuA-Arbeitszeitbefragung 2021

bisher höchste seit dem Jahr 1991. Dabei ist zu beachten, dass die Beschäftigten im Jahr 2023 nach amtlichen Angaben 1,3 Mrd. Überstunden geleistet haben, davon mehr als die Hälfte (775 Mio. Stunden) ohne Ausgleich durch Bezahlung oder Freizeit. Das gesamte Arbeitsvolumen verteilt sich nach den Daten der aktuellen BAuA-Arbeitszeitbefragung von 2021 sehr ungleich. Die Abb. 7 zeigt die Verteilung der tatsächlichen Wochenarbeitszeit zwischen den Beschäftigten und zwischen Männern und Frauen. Auffallend ist hier unter anderem der hohe Anteil der Teilzeitarbeit bei Frauen und der ebenfalls hohe Anteil langer Arbeitszeiten zwischen 40 und 48 Stunden bei Männern.

Arbeitszeiten außerhalb der üblichen täglichen Arbeitszeit von Montag bis Freitag sind weit verbreitet, also Arbeiten am Wochenende, abends, nachts und in Schicht (siehe Abb. 8).

Inzwischen ist ein Teil der Beschäftigten auch von verkürzten Ruhezeiten bei der Arbeit betroffen. Gemeint sind vor allem die mindestens elfstündigen ununterbrochenen Ruhezeiten zwischen den Arbeitstagen. Insgesamt betrifft das 18% der Beschäftigten – Männer 18% und Frauen 19%. Das führt zu Beeinträchtigungen des Wohlbefindens und zu gesundheitlichen Beschwerden (SuGA 2022, S. 61ff.).

Das Thema Arbeitszeit wird derzeit hochgradig kontrovers diskutiert, vor allem im Fall des Arbeitszeitgesetzes. Arbeitszeitregelungen können von Arbeitgebern und Politik als Instrument genutzt werden, um, wie eingangs erwähnt, auch innerhalb der institutionalisierten Arbeits- und Sozialbeziehungen bestehende Schutzrechte zu unterlaufen. Sowohl der Europäische Gerichtshof (EuGH) (C-55/18 vom 14. 5. 2019) als auch das Bundesarbeitsgericht (BAG) (1 ABR 22/21 vom 13. 9. 2022) haben die Bundesregierung verpflichtet, das bestehende Gesetz zu überarbei-

Abb. 8: Arbeitszeiten außerhalb der normalen Werktage (Anteile bei Männern und Frauen in %)

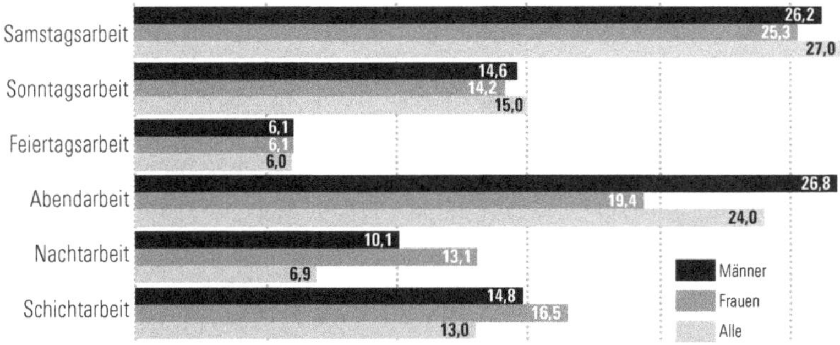

Quelle: BT-Drucksache 20/3671, 2023

ten und für die Erfassung aller geleisteten Arbeitsstunden (und nicht nur der Überstunden, wie im jetzigen Arbeitszeitgesetz) klare Regelungen zu treffen. Das ist jetzt fünf Jahre her. Um einen allerersten Überarbeitungsentwurf aus dem Bundesarbeitsministerium (2024) sind heftige Konflikte entbrannt. Unionsparteien und FDP plädieren dafür, das Gesetz sogar weiter zu deregulieren. Die Grenze für die tägliche Höchstarbeitszeit von 8 Stunden soll fallen zugunsten einer nur noch wöchentlichen Obergrenze von 48 Stunden. Das würde das Tor öffnen für die weitere – über das jetzige Maß hinausgehende – Entgrenzung von Arbeitszeiten mit weiteren Risiken für Gesundheit, Vereinbarkeit von Arbeit und Privatleben und für die Gleichstellung der Geschlechter. Die genannten Daten des Wirtschafts- und Sozialwissenschaftlichen Instituts (WSI) haben auch gezeigt, dass 97% der Beschäftigten keinen Arbeitstag wollen, der über 18 Uhr hinausgeht.

Soloselbstständige, Clickworker usw.

Die Zahl der Soloselbstständigen beziffert das WSI für das Jahr 2022 mit 1,8 Mio., das sind 4,3% der Erwerbstätigen (Männer 1,1 Mio., Frauen 0,7 Mio.). Soloselbstständigkeit ist eine häufig prekäre Erwerbsform. Seit einiger Zeit ist ihre Zahl rückläufig, vor allem, weil ihnen in Anbetracht des Fachkräftemangels der Übergang in eine abhängige Beschäftigung möglich ist, die gleichwohl auch oft prekär ist. Arbeit für

Plattformen (Clickworker, Crowdworker) betrifft nach Schätzungen des DGB in Deutschland bis zu 5 Mio. Menschen. Es kann sich um Offlinearbeit (Uber, Lieferando usw.) handeln oder um Onlinearbeit. Hier gibt es praktisch gar keine Schutzregelungen. In Deutschland haben einige der großen Crowdworking-Anbieter einen von der IG Metall entworfenen selbstverpflichtenden »Code of Conduct« unterzeichnet, der in solchen Fällen die Rechte der Arbeitnehmenden stärkt und ermöglicht, dass bei einer zentralen Ombudsstelle eine Beschwerde eingereicht werden kann (Gegenblende 7.2.2022).

Arbeitsbedingte Erkrankungen

Das Zusammenwirken von körperlichen und psychischen Belastungen bzw. Fehlbelastungen führt zu einem vielfältigen Krankheitsgeschehen, das wir hier unter dem Begriff der arbeitsbedingten Erkrankungen zusammenfassen. »Unter arbeitsbedingten Erkrankungen versteht man alle Erkrankungen, deren Auftreten mit der Arbeitstätigkeit in Verbindung stehen. Im Unterschied zu den Berufskrankheiten muss der Zusammenhang mit der Tätigkeit keine bestimmte rechtliche Qualität erreichen« schreibt dazu das Landesinstitut für Arbeitsschutz und Arbeitsgestaltung (LIA) NRW. Der Begriff »arbeitsbedingte Erkrankungen« taucht nur im § 3 des Arbeitssicherheitsgesetz (ASiG) (1973) (»Aufgaben der Betriebsärzte«) einmal randständig auf, hier als Aufgabe der Betriebsärzte, ist aber ansonsten dem Arbeitsschutzrecht bis heute unbekannt.

Für die Herausbildung arbeitsbedingter Erkrankungen ist ein ganzer Komplex gesundheitlich belastender und potenziell krank machender Arbeitsbedingungen auslösend, der drei große Bereiche umfasst:

- Starke und anhaltende körperliche Belastungen,
- massiv zunehmende psychische, vor allem psychosoziale Belastungen und schließlich
- Belastungen durch lange, überlange und gesundheitlich ungünstige Arbeitszeiten.

In der Befragung des DGB-Index Gute Arbeit 2019 haben 42% der befragten Beschäftigten ihre Gesundheit als schlecht oder gerade so zufriedenstellend bewertet. In der Abb. 9 zeigt sich der Zusammenhang zwischen Arbeitsverdichtung – einer besonders häufig vorkommenden

Abb. 9: Psychische Belastungen und gesundheitliche Folgen

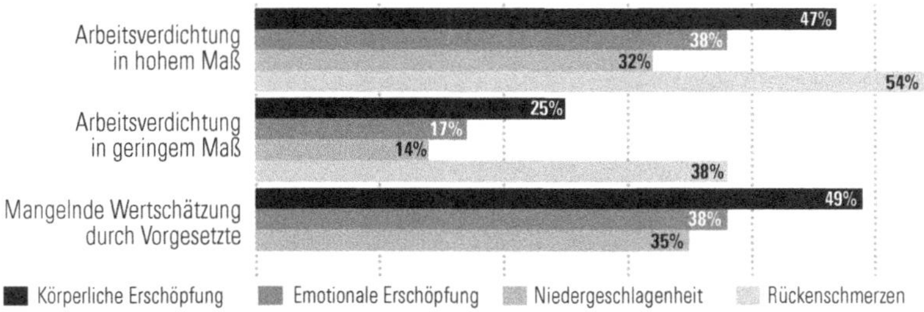

Quelle: DGB-Index Gute Arbeit 2019

Abb. 10: Körperlich schwere Arbeit und gesundheitliche Folgen

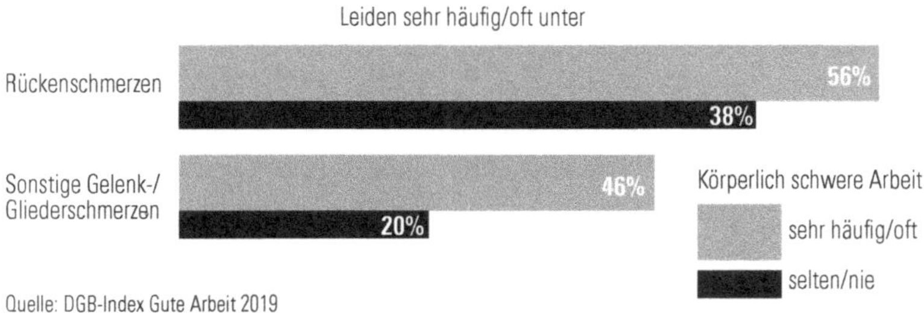

Quelle: DGB-Index Gute Arbeit 2019

psychischen Belastung – und bestimmten gesundheitlichen Beschwerden. In der zugrunde liegenden Befragung haben insgesamt 33% der Beschäftigten angegeben, von Arbeitsverdichtung »in sehr hohem Maß« (10%) oder »hohem Maß« (23%) betroffen zu sein. Und 24% immerhin noch in »geringem Maß«. Mangelnde Wertschätzung durch Vorgesetzte beklagen 30% der Beschäftigten.

Die oben erläuterten teilweise schweren körperlichen Belastungen bei der Arbeit sind mitverantwortlich für deutliche Gesundheitsprobleme. In der Index-Befragung haben insgesamt 29% der Beschäftigten angegeben, »sehr häufig« oder »oft« körperlich schwere Arbeit verrichten zu müssen. Hier treten die gesundheitlichen Beschwerden besonders oft auf. Es gibt sie aber auch bei denen, die »eher selten« körperlich schwer arbeiten (siehe Abb. 10). Nur jede/r Vierte geht davon aus, diese körperliche Arbeit bis zur gesetzlichen Rente durchhalten zu können. Ähnlich ist das Bild bei permanenten ungünstigen Körperhaltungen/Zwangshaltungen (DGB-Index 2019 »Alle gesund«, S. 19).

Abb. 11: Belastende Arbeitszeiten und gesundheitliche Folgen

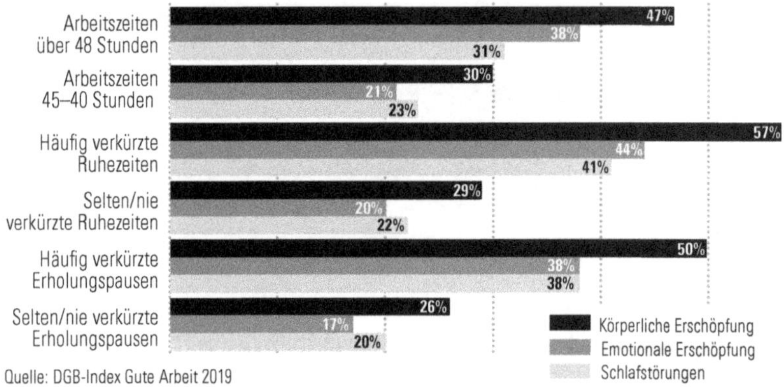

Quelle: DGB-Index Gute Arbeit 2019

Die Gestaltung der Arbeitszeit hat großen Einfluss auf die Gesundheit und damit auch auf gesundheitliche Beschwerden und Erkrankungen (siehe Abb. 11). Von solchen ungünstigen Arbeitszeiten ist, wie wir oben gesehen haben, ein erheblicher Teil der Beschäftigten betroffen. Das betrifft sowohl lange Arbeitszeiten als auch die Verkürzung der (gesetzlich vorgeschriebenen) Ruhe- und Pausenzeiten, die zur Regeneration der Gesundheit wichtig sind.

Nach Untersuchungen der Arbeits- und Gesundheitswissenschaftler Johannes Siegrist und Nico Dragano sind es vor allem Muskel-Skelett-Erkrankungen, Herz-Kreislauf-Erkrankungen und psychische Erkrankungen (insbesondere Depressionen), die in unterschiedlichem, aber deutlichem Maß arbeitsbedingte Ursachenanteile haben und die schließlich auch das Geschehen bei chronischen Krankheitsverläufen, Arbeitslosigkeit und krankheitsbedingter Frühberentung maßgeblich prägen (siehe dazu Jahrbuch Gute Arbeit 2010, S. 450ff.). Die beiden Experten haben errechnet, dass bei Männern etwa ein Drittel des Arbeitsunfähigkeits-Geschehens und der Frühberentung auf Belastungen aus der Arbeitswelt zurückzuführen ist.

Die meisten Beschäftigten sind bei der Arbeit verschiedenen Belastungsarten gleichzeitig ausgesetzt. Krank machende Effekte werden dadurch verstärkt. Je mehr Belastungen (wie die hier genannten) Beschäftigte empfinden, desto schlechter bewerten sie ihren Gesundheitszustand. Die Befragungen des DGB-Index haben gezeigt, dass sich über 60% der Beschäftigten von mindestens zwei Belastungsfaktoren beein-

Abb. 12: Arbeitsfähig bis zur Rente mit 67?

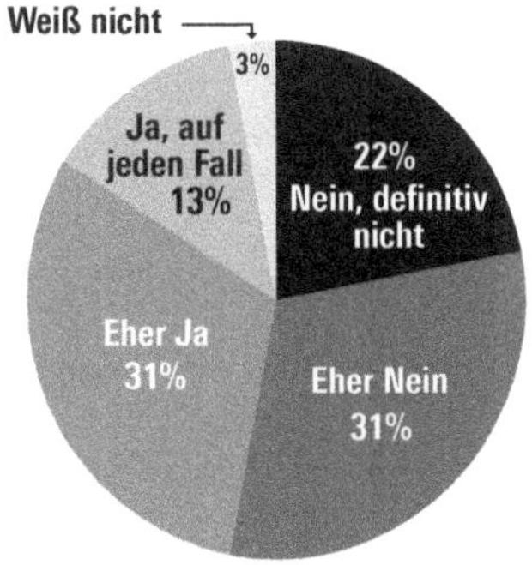

Quelle: IG Metall 2024

trächtigt fühlen, 40% von drei oder mehr solche Faktoren. Das spricht für eine präventive Arbeitsgestaltung, die die krank machenden Faktoren vermindert oder möglichst gar nicht entstehen lässt.

Alter, Arbeit, Rente

»Wie schätzen Sie die Möglichkeit ein, Ihre aktuelle Arbeit unter den derzeitigen Anforderungen bis zur Rente mit 67 ausüben zu können?« Diese Frage wurde Beschäftigten schon öfter gestellt, und sie stellen sich die sicherlich auch selbst oft. Eine repräsentative Befragung der IG Metall unter Beschäftigten, deren Ergebnisse am 1. Juli 2024 veröffentlicht wurden, ergab dabei: Mehr als die Hälfte der Befragten – 53% – erwartet demnach nicht, bis zur Rente durchhalten zu können (siehe Abb. 12). Gleichzeitig gaben 51% der Befragten an, ein Renteneintrittsalter zwischen 60 und 63 Jahren anzustreben. 11% wollten sogar in einem Alter unter 60 in Rente gehen. Bis maximal 67 Jahre arbeiten wollten nur 27%. Drei Viertel der Befragten konnten sich nicht vorstellen, über das 67. Lebensjahr hinaus zu arbeiten. In der Erwerbstätigenbefragung der Hans-Böckler-Stiftung aus dem Jahr 2021 schätzten 38%, das gesetzliche Rentenalter könnten sie »auf keinen Fall« oder »eher nicht« schaffen.

Nach Meldungen der Deutschen Rentenversicherung lag das durchschnittliche Rentenzugangsalter 2022 bei 64,4 Jahren. Es ist in den vergangenen Jahren kontinuierlich gestiegen. 2000 hatte es noch 62,3 Jah-

Abb. 13: Erwerbsquoten im Alter von 60 bis 66 Jahren (2021)

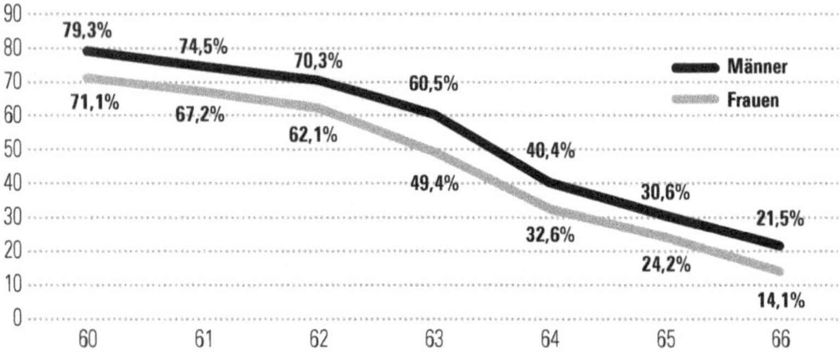

Quelle: Statistisches Bundesamt/Bundesinstitut für Bevölkerungsforschung (BIB) 2022

re betragen. Das gesetzliche Renteneintrittsalter liegt höher und steigt in den nächsten Jahren kontinuierlich weiter. Es betrug 2022 65,9 Jahre. Das gestiegene Rentenzugangsalter hängt teilweise mit der sogenannten Rente mit 63 zusammen. Tatsächlich bedeutet sie derzeit für die 1961 Geborenen, dass sie mit 64 Jahren und 6 Monaten in Rente gehen können. 2021 etwa erfolgte jeder dritte Zugang in die Rente über diese »Rente mit 63«. Auch hier steigt das Rentenzugangsalter weiter an. Der Trend ist insgesamt: Die Regelaltersgrenze steigt schneller an als das Renteneintrittsalter.

Was hier in diesem Zusammenhang von Interesse ist, ist etwas anderes: Nämlich nur ein kleiner Teil der oben genannten Rentenzugänge geschieht aus der Erwerbstätigkeit. Denn tatsächlich scheidet ein großer Teil der Beschäftigten schon deutlich vor dem gesetzlichen Rentenalter aus dem Arbeitsleben aus. Nach Daten des Statistischen Bundesamtes scheiden etwa ein Drittel der 55- bis 65-Jährigen (und sogar fast zwei Drittel der über 60-Jährigen) vorzeitig aus dem Erwerbsleben aus. Die Abb. 13 zeigt: Etwa bis zum Ende des 62. Lebensjahrs sind die Erwerbsquoten bei Männern und Frauen noch einigermaßen hoch. Dann brechen sie rapide ein, und die Mehrheit der bis dahin Beschäftigten scheidet aus dem Arbeitsleben aus.

Das Bundesinstitut für Bevölkerungsforschung hat 2022 darauf hingewiesen, dass der Anstieg der Erwerbsbeteiligung Älterer in den vergangenen fünf Jahren zum Stillstand gekommen ist. Im Zusammenhang mit dem Fachkräftemangel und den (allerdings politisch leichtfertig herbeigeführten) Finanzierungsproblemen des Rentensystems wird das als

Abb. 14: Übergänge in die Altersrente, Jg. 1954, Männer und Frauen

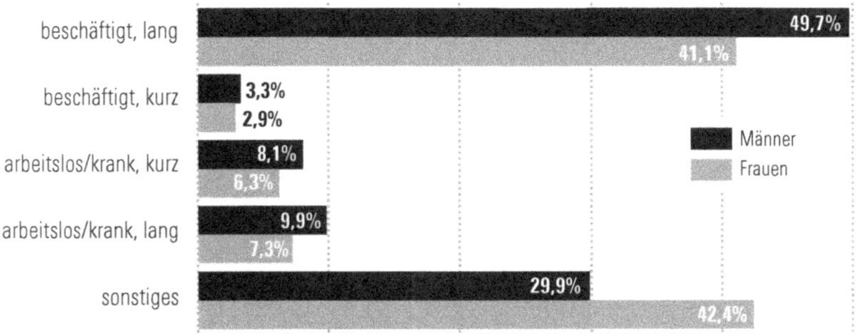

Quelle: IAQ-Report 3/2023

großes Problem gesehen. Zumal derzeit die geburtenstarken Babyboomer-Jahrgänge aus dem Arbeitsleben ausscheiden, und auch hier mehrheitlich mit 63 oder 64 Jahren – und geburtenschwächere Jahrgänge nachfolgen, sodass dies den Fachkräftemangel weiter verstärkt.

Das wirft die Frage auf, warum Beschäftigte deutlich vor dem Erreichen der Regelaltersgrenze aus dem Arbeitsleben ausscheiden, auch wenn sie dafür Rentenabschläge in Kauf nehmen müssen. Schon die Abb. 13 hat ja gezeigt, dass die Erwerbsquoten der Älteren über 62 sehr niedrig sind. Der Altersübergangsreport des IAQ gibt dazu genaueren Aufschluss. Wir zeigen das in Abb. 14 am Beispiel des Jahrgangs 1954, der jetzt 70 Jahre alt ist. Diese Daten verdeutlichen: Noch nicht einmal die Hälfte der Beschäftigten geht aus einem lang andauernden Arbeitsverhältnis sozusagen »ganz regulär« in die Rente. Dagegen sind 18% der Männer und 13,6% der Frauen vor Erreichen ihrer Altersrente arbeitslos. Und weitere rund 30% der Männer und 42% der Frauen erreichen die Altersrente auf »sonstige« Weise, jedenfalls nicht aus einer Arbeitstätigkeit. Hier fallen besonders die Erwerbsminderungsrenten ins Auge (siehe Abb. 15 auf der folgenden Seite). Sie sind das ständige Alarmzeichen für stark belastende Arbeitsbedingungen, den vorzeitigen Verschleiß der lebendigen Arbeitskraft und Defizite vor allem im präventiven Arbeits- und Gesundheitsschutz – ein Problem, auf das die IG Metall seit Langem hinweist.[4]

[4] Siehe z.B. Klaus Pickshaus: Eine Steilvorlage für die Prävention. Eine Bewertung des wissenschaftlichen Gutachtens »Psychosoziale Arbeitsbelastun-

Abb. 15: Zugänge von Alters- und Erwerbsminderungsrenten

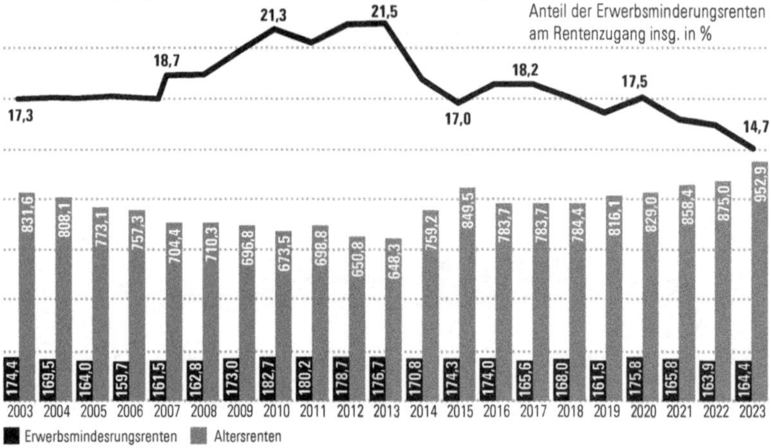

Quelle: IAQ, Sozialpolitik aktuell.

Großen Anteil am vorzeitigen Ausstieg aus dem Arbeitsleben haben die psychischen Belastungen. Etwa seit 2005 sind sie – mit wachsendem Abstand – die wichtigste Krankheitsart, die den Zugang zu einer Erwerbsminderungsrente verursacht. Inzwischen machen sie über 40% der entsprechenden Diagnosegruppen aus (siehe Abb. 16).

Das WSI hat im Jahr 2021 Betriebs- und Personalräte befragt, ob sie es für möglich halten, dass die Beschäftigten unter günstigeren Arbeitsbedingungen bis zum Rentenbeginn mit 67 arbeiten könnten. Bei dieser repräsentativen Befragung zeigte sich: Die Interessenvertretungen schätzen ein, dass nur knapp über die Hälfte der Beschäftigten ohne Einschränkungen bis zur Rente durchhalten könne (51%). Rund 42% gaben an, die Mehrheit der Beschäftigten könne unter den gegebenen Arbeitsbedingungen nicht bis zur Rente weiterarbeiten. Bei einigen Tätigkeiten (unternehmensnahe Dienstleistungen, produzierendes Gewerbe) liegen diese Werte sogar noch höher (49,2% und 52,4%).

Fazit: Der oft beklagte »frühzeitige« Ausstieg vieler Beschäftigter aus dem Arbeitsleben hat sehr viel mit den – oben beschriebenen – belasten-

gen und Erkrankungsrisiken« des Landes Nordrhein-Westfalen, Düsseldorf, in: Landesinstitut für Arbeitsgestaltung (LIA NRW) (Hrsg.): Erkrankungsrisiken durch arbeitsbedingte psychische Belastung, LIA transfer 4, Düsseldorf 2014, S. 170ff. Das genannte Gutachten ist in diesem Band ebenfalls abgedruckt.

Abb. 16: Neuzugänge in Erwerbsminderungsrenten nach ausgewählten Diagnosegruppen 2000–2022 (Anteil an allen Diagnosegruppen in %)

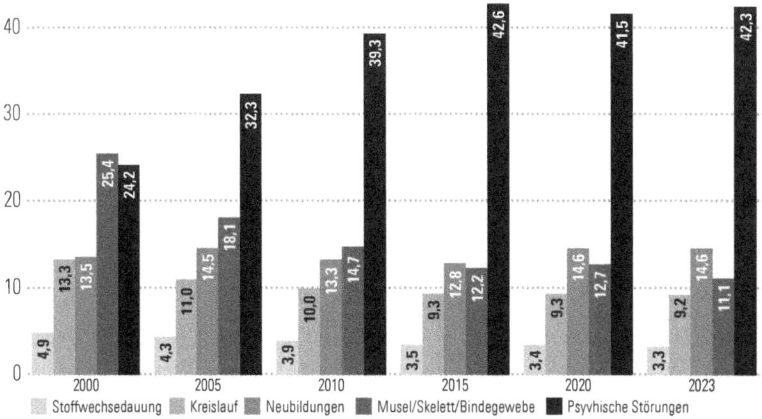

Quelle: IAQ, Sozialpolitik aktuell.

Abb. 17: Arbeiten bis 67

»Könnten die Beschäftigten bis zum 67. Lebensjahr arbeiten, wenn es mehr als bisher entsprechende betriebliche Maßnahmen gäbe?« Antworten der Interessenvertretungen in %

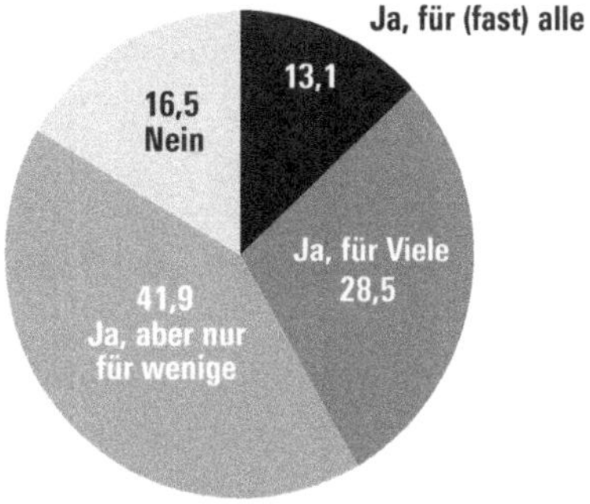

Quelle: WSI 2023

den Arbeitsbedingungen zu tun. Das wirft die Frage auf: Könnten die Beschäftigten länger »durchhalten«, wenn mehr betriebliche Maßnahmen ergriffen würden, die ihre Belastungen mindern und ihre Ressourcen stärken – wenn es diese Maßnahmen denn gäbe? Auch hier fielen die Antworten der Interessenvertretungen verhalten bis skeptisch aus (siehe Abb. 17).

Wenn fast 60% der Betriebsräte eine solche Verbesserung nicht oder kaum für möglich halten, lässt das tief blicken. Die in den Antworten

Abb. 18: Gibt es alternsgerechte Maßnahmen im Betrieb – Bewertung der Interessenvertretungen

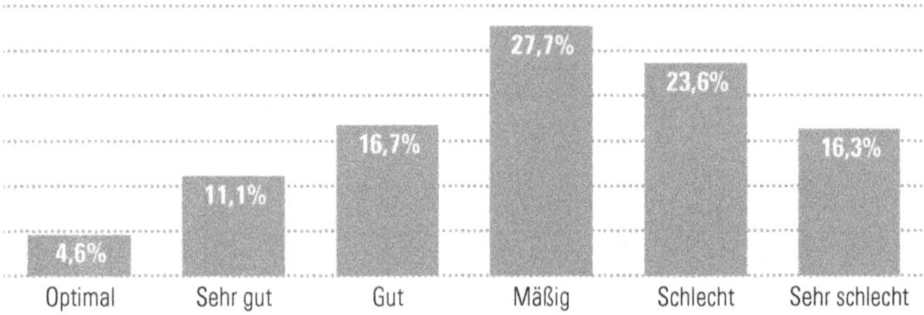

Quelle: WSI 2023

erkennbare Skepsis hat auch gute Gründe: Die große Mehrheit der Betriebs- und Personalräte traut den Betrieben, d.h. den Arbeitgebern bzw. dem Management nicht zu, dass sie bereit und in der Lage sind, die Arbeitsbedingungen so zu gestalten, dass sie Älteren ein gesundes Arbeiten bis zur Rente ermöglichen (siehe Abb. 18). Rund 40% bewerten die einschlägigen betrieblichen Aktivitäten als schlecht bis sehr schlecht, weitere knapp 28% finden sie zumindest eher mäßig. Gerade mal ein Drittel gesteht den Betrieben ein gute bis sehr gute Note zu. Rund zwei Drittel der Interessenvertretungen erkennen demnach keine oder fast keine alternsgerechten Maßnahmen in den Betrieben.

Gefährdungsbeurteilung – der ewige Problemfall

In amtlichen Veröffentlichungen wird die Gefährdungsbeurteilung gerne als das Herzstück des präventiven Arbeits- und Gesundheitsschutzes bezeichnet. In der Tat ist sie ein zuverlässiger Indikator für den Zustand eben dieses Herzstücks. Bei genauerem Hinsehen zeigt sich allerdings: Die Gefährdungsbeurteilung bildet hier nach wie vor den permanenten Problemfall. Freilich trifft es zu, dass sich der diesbezügliche Stand seit den 2010er-Jahren etwas verbessert hat. Die dennoch weiter bestehenden hartnäckigen Probleme hängen vor allem mit zwei Faktoren zusammen: Aktuell arbeiten, wie oben gezeigt, nur noch 8% aller Beschäftigten in Betrieben mit Betriebsrat, vor allem in Großbetrieben. Und ob es eine taugliche Gefährdungsbeurteilung gibt, hängt sehr stark an den Betriebsräten. Zum zweiten hängt vieles – gerade in kleineren und mittelgroßen – Betrieben an den staatlichen und berufsgenossenschaftlichen Aufsichtsorganen des Arbeitsschutzes. Alle einschlägigen Daten zeigen, dass diese Aufsichtsdienste personell viel zu sehr ausgedünnt sind, um hier eine einigermaßen flächendeckende Überwachung und Beratung gewährleisten zu können.

Es lässt sich zeigen, dass es in den vergangenen Jahren bei der praktischen Umsetzung der Gefährdungsbeurteilung gewisse Fortschritte gegeben hat. Diese Daten reichen vorerst bis zum Jahr 2018. Wichtige amtliche Datensammlungen wie die Betriebsbefragungen der Gemeinsamen Deutschen Arbeitsschutzstrategie (GDA) und die Erwerbstätigenbefragungen der BAuA liefern bisher keine neueren umfassenden Erkenntnisse. Allerdings initiierte die BAuA in den Jahren 2020/21 mehrere (kleinere) Befragungswellen, die Auskunft gaben über betriebliche Arbeitsschutzaktivitäten – auch Gefährdungsbeurteilungen – in den Jahren der Pandemie. Bei diesen Aktivitäten überwogen deutlich die verhaltenspräventiven Maßnahmen – im Gegensatz zur Verhältnisprävention, die nach den Intentionen des Arbeitsschutzgesetzes ja den Schwerpunkt bilden soll.[5] Auch die WSI-Betriebsrätebefragung 2021 zeigte, dass verhaltensbezogene Maßnahmen häufig einen überdurchschnittlich hohen Stellenwert einnehmen: 72% der Interessenvertretungen berichteten von Maßnahmen der betrieblichen Gesundheitsförderung. Und knapp 44% kritisierten, bei der jeweiligen Geschäftsführung gebe es ein mangelndes Bewusstsein für Maßnahmen des Arbeits- und Gesundheitsschutzes (WSI-Report 89). Weiteren Aufschluss über die aktuelle Situation geben die neueren Daten des WSI und des DGB-Index Gute Arbeit 2023.

In seiner Betriebs- und Personalrätebefragung 2021 kam das WSI zu einem zunächst recht positiv aussehenden Ergebnis: Rund 92% der Betriebsräte gaben an, in ihrem Betrieb habe es eine zumindest »klassische« Gefährdungsbeurteilung gegeben. Allerdings ist zu beachten, dass nur eine Minderheit der Betriebe überhaupt einen Betriebsrat hat, wie oben (Tab. 2) gezeigt. Die Frage an die Beschäftigten selbst, ob es bei ihnen

[5] Siehe Reusch, Jürgen (2022): Das Virus, die Politik und die Betriebe, in: Christoph Schmitz/Hans-Jürgen Urban (Hrsg.): Arbeitspolitik nach Corona. Probleme – Konflikte – Perspektiven, Jahrbuch Gute Arbeit, Frankfurt a.M. 2022, S. 240ff.

Abb. 19: Wurde an Ihrem Arbeitsplatz in den letzten zwei Jahren eine Gefährdungsbeurteilung durchgeführt?

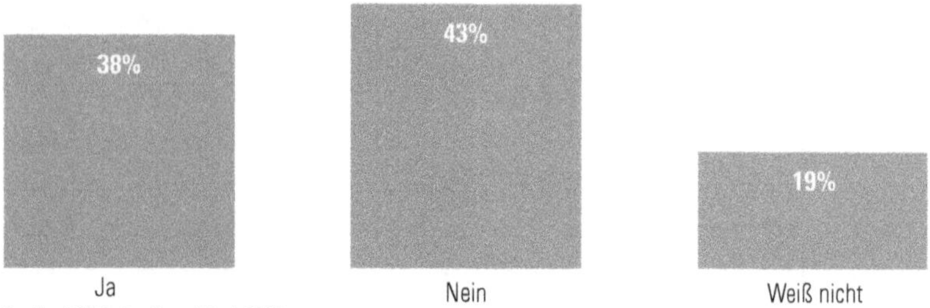

Quelle: DGB-Index Gute Arbeit 2023

in den vergangenen zwei Jahren eine Gefährdungsbeurteilung gegeben habe, ergibt ein deutlich ernüchterndes Bild (Abb. 19).

Nur wenig mehr als ein Drittel positive Antworten geben keinen Anlass zum Optimismus. Noch ernüchternder wird es, wenn auch nach den allgegenwärtigen psychischen Belastungen gefragt wird. Von der Minderheit der Beschäftigten, an deren Arbeitsplatz eine Gefährdungsbeurteilung stattfand, gibt weniger als die Hälfte (47%) an, es seien auch die psychischen Belastungen berücksichtigt worden. Insgesamt ist also lediglich an 18% der Arbeitsplätze eine vollständige Gefährdungsbeurteilung zu verzeichnen.

Dabei gibt es auf Branchenebene noch einmal beträchtliche Unterschiede. Im Maschinen- und Fahrzeugbau etwa verzeichnen 27% der Befragten eine vollständige Gefährdungsbeurteilung, in der Metallerzeugung und -bearbeitung 25%. Bei Handel, Instandhaltung und Reparatur von Kfz sind es nur 12%. Ob es überhaupt eine Gefährdungsbeurteilung gibt und ob sie auch einigermaßen vollständig ist, hängt sehr stark davon ab, ob im Betrieb ein Betriebsrat existiert. Mit Betriebs- oder Personalrat liegt der Anteil einer vollständigen Gefährdungsbeurteilung bei 23%, ohne sind es nur 10%. Je größer der Betrieb, desto eher gibt es eine Gefährdungsbeurteilung. Kleinstbetriebe mit weniger als 20 Beschäftigten kommen nur auf 10%, in Betrieben mit 2.000 oder mehr Beschäftigten beträgt der Anteil aber auch lediglich 30%.

Wirklich vollständig ist eine Gefährdungsbeurteilung letztlich nur, wenn sie in betriebliche Verbesserungsmaßnahmen einmündet. Das ist ja ihr eigentlicher Sinn und Zweck. Auch danach wurde beim DGB-Index gefragt, und auch hier zeigt sich ein nur mäßiges Ergebnis (siehe

Abb. 20: Wurden nach der Gefährdungsbeurteilung Verbesserungsmaßnahmen ergriffen?

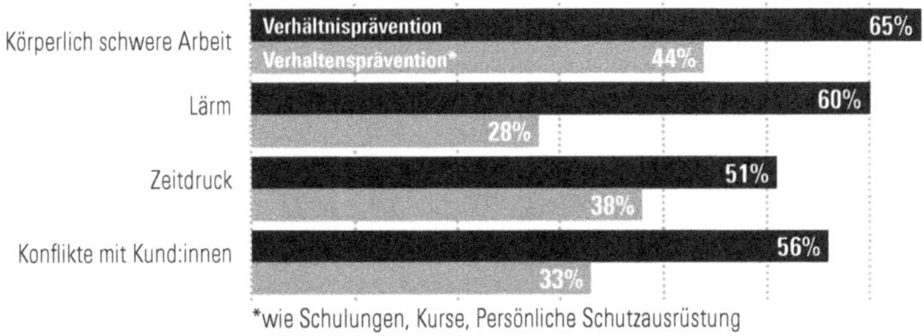

Quelle: DGB-Index 2023

Abb. 20). Zu ähnlich ernüchternden Ergebnissen kam auch schon die GDA-Betriebsbefragung 2018. Auch hier konnten nur 13% der befragten Betriebe von einer vollständigen Gefährdungsbeurteilung berichten.

Schwachstellen und Lücken im System der Arbeits- und Sozialbeziehungen

Insgesamt sollte deutlich geworden sein: Die hier anhand von Daten skizzierte »Verwilderung der Arbeitsbeziehungen« auch in den Bereichen des institutionalisierten Arbeits- und Sozialschutzes verweist auch auf Schwachstellen und Lücken, die das Arbeitsschutzregelwerk schon länger kennzeichnen.

- Das Arbeitszeitgesetz benötigt dringend eine Ergänzung, die die Erfassung aller geleisteten Arbeitszeit (und nicht nur – wie bisher – der Überstunden) verbindlich vorschreibt.
- Dringend erforderlich ist weiter eine Anti-Stress-Verordnung. Der Blick auf das Ausmaß psychischer Belastungen und des damit verbundenen Erkrankungs- und Frühverrentungsgeschehens bestätigt das.
- Es fehlt zudem an einem zeitgemäßen Regelwerk zu den anhaltend hohen körperlichen Belastungen. Die alte Lastenhandhabungs-Verordnung des Jahres 1996 entspricht schon lange nicht mehr dem heutigen physischen Belastungsspektrum.
- Die zählebigen Umsetzungsprobleme bei der Gefährdungsbeurteilung belegen, dass es höchste Zeit ist für eine rechtsverbindliche Arbeitsschutzverordnung zur Gefährdungsbeurteilung, die eine praxis-

nahe Handlungsanleitung bietet und den bisherigen Flickenteppich überwindet. Die 2017 in Kraft getretene Arbeitsstättenregel ASR V3 »Gefährdungsbeurteilung« ist positiv zu bewerten, ersetzt aber eine verbindliche Verordnung nicht. Der zuständige Ausschuss für Sicherheit und Gesundheit bei der Arbeit (ASGA) arbeitet derzeit an einer Arbeitsschutzregel zur Berücksichtigung psychischer Belastungen in der Gefährdungsbeurteilung. Das wäre eine überfällige Konkretisierung der Arbeitsstättenverordnung. In der Hauptsache kommt es darauf an, den Interessenvertretungen Handreichungen zu geben, die ihnen helfen, eine Gefährdungsbeurteilung rechtssicher und sachlich qualifiziert per Mitbestimmung zu begleiten. Daran mangelt es bisher.

- Arbeitsformen wie mobile Arbeit und Arbeit im Homeoffice als spezielle Form mobiler Arbeit werden vom derzeitigen Arbeitsschutzregelwerk nur vage erfasst. Vor allem die Arbeitsstättenverordnung kennt bisher nur die ortsfeste Tele(heim)arbeit. Auch hier fehlt es an praxisnahen Regelungen. Auch die neue Arbeitsstätten-Regel ASR A6 Bildschirmarbeit bezieht sich ausdrücklich nicht auf mobile Arbeit und Homeoffice. Sie enthält allerdings arbeitswissenschaftliche Erkenntnisse und Informationen zum Stand der Technik, die indirekt genutzt werden können.
- Die sehr sinnvollen und konkreten Arbeitsschutzregeln – so etwa die Arbeitsstättenregeln – müssen mehr Verbindlichkeit bekommen. Das setzt unter anderem voraus, die Arbeitsschutzbehörden mit mehr Personal auszustatten und ihnen auch mehr Durchsetzungsmöglichkeiten zu geben. Das Arbeitsschutzgesetz als übergeordnetes Gesetz enthält keine ausreichenden Regelungen zu Ordnungswidrigkeiten und Bußgeldern.
- Überfällig ist auch eine Reform des Berufskrankheitenrechts und der Berufskrankheitenliste. Obwohl arbeitsbedingte psychische Belastung eine der Hauptursachen für psychische und psychosomatische Erkrankungen ist, enthält das BK-Recht dazu keine Regelungen.
- Viele arbeitsbedingte Fehlbelastungen hängen mit zu knapper Personaldecke zusammen. Deswegen wäre es auch an der Zeit, die betriebliche Mitbestimmung der Interessenvertretungen im Zuge einer Reform des Betriebsverfassungsgesetzes auf die Personalbemessung auszuweiten.

Abb. 21: Anteile der Zweitstimmen, Bundestagswahl 2021 (in %)

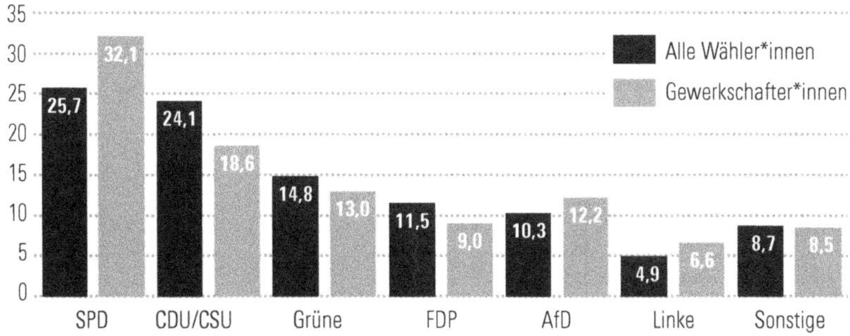

Quelle: Forschungsgruppe Wahlen

Schlechte Arbeit – Einfallstor für rechte Stimmungen

Bei der Bundestagswahl am 26. September 2021 erreichte die AfD 10,4% und lag damit an fünfter Stelle, noch hinter der FDP. Im Vergleich zur vorherigen Bundestagswahl hatte sie 2,2% Stimmenanteile verloren. Mit Blick auf die AfD-Stimmen nach bestimmten Bevölkerungsgruppen sah das Bild ein Stück besser aus für die AfD. Unter Arbeitern kam die AfD auf 21%, hinter der SPD (26%). Unter Arbeitslosen erreichte sie 17%, ebenfalls hinter der SPD (23%) und gleichauf mit den Grünen. 74% der AfD-Wählenden gaben an, sie machten sich große Sorgen, ihren Lebensstandard nicht halten zu können – weitaus mehr als bei allen anderen Parteien. Bei den Gewerkschaftsmitgliedern sah die Stimmenverteilung ein Stück anders aus als bei allen Wähler*innen (Abb. 21). Hier lag der AfD-Anteil 2021 bei 12,2%.

Bei den Wahlen zum EU-Parlament am 8. Juni 2024 sahen die Stimmenanteile für die AfD schon ganz anders aus. Hier konnte sich die AfD auf 15,9% steigern. Sie war damit nach CDU/CSU zweitstärkste Partei, deutlich vor SPD und Grünen. Auch bei dieser Wahl lagen die Stimmanteile von Gewerkschaftsmitgliedern für die AfD höher als der Anteil dieser Partei bei allen Wählenden (Abb. 22).

Schon seit der Krise 2008ff. war deutlich erkennbar, dass Probleme in der Arbeitswelt einen Nährboden für rechte Stimmen bilden. Die Beiträge in diesem Band zeigen, dass und wie sich diese Tendenz seither verstärkt hat. Auch die in diesem Beitrag skizzierten Probleme bei Arbeitsverhältnissen und Arbeitsbedingungen sind Teil dieses Nährbodens.

Abb. 22: Stimmen in % EU-Wahl 2024, Wählende und Gewerkschaftsmitglieder

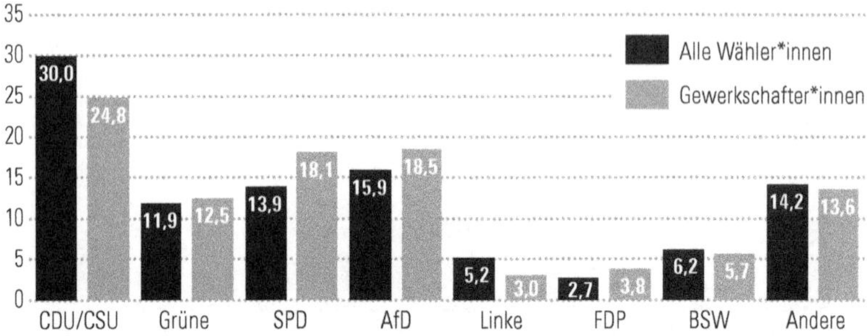

Quelle: DGB-einblick 6/24

Abb. 23: Zustimmung zu Arbeitsbedingungen, nach Wahlpräferenz

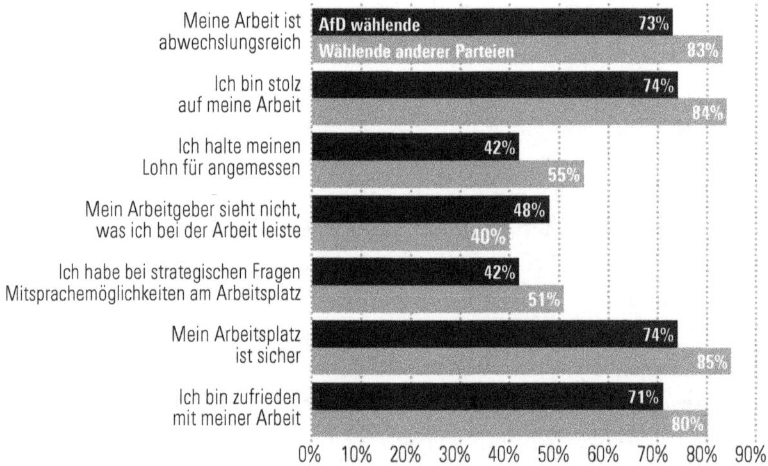

Quelle: WSI-Report 92, 2023

Angst vor dem Verlust des Arbeitsplatzes, unsichere Perspektiven bei der Transformation und ständigen Reorganisation der Arbeit, zunehmende Prekarisierung, starke Belastungen und hoher Leistungsdruck – alles das wirkt sich auf das Wahlverhalten der abhängig Beschäftigten und der Gewerkschaftsmitglieder aus. Mit diesen Problemen verbinden sich Zukunftsangst, Angst vor Abstieg und Kontrollverlust, das Gefühl von fehlender Anerkennung für Arbeitsleistung, verbunden mit zunehmender Verachtung für die politischen Eliten – hier befinden sich Einfallstore für rechte Orientierungen und Deutungsmuster (Abb. 23), die sich dann auch in Stimmabgaben bei Wahlen niederschlagen.

Literatur & Links

Becker, Karina/Dörre, Klaus/Reif-Spirek, Peter (Hrsg.) (2018): Arbeiterbewegung von Rechts? Ungleichheit – Verteilungskämpfe – populistische Revolte, Frankfurt a. M.

Brinkmann, Ulrich/Hassan-Beik, Maren/Zappino, Lukas (2020): Solidarität und Skepsis. Flucht, Migration, arbeitsweltliche Umbrüche und politische Entwurzelung, Hamburg.

Dörre, Klaus/Liebig, Steffen/Lucht, Kim/Sittel, Johanna (2024): Klasse gegen Klima? Transformationskonflikte in der Autoindustrie. In: Berliner Journal für Soziologie, 34; link.springer.com/article/10.1007/s11609-023-00514-z.

Hövermann, Andreas (2023): Das Umfragehoch der AfD. WSI-Report 92, November, Düsseldorf; www.wsi.de/fpdf/HBS-008748/p_wsi_report_92_2023.pdf.

Kiess, Johannes u. a. (2023): Arbeitswelt und Demokratie in Ostdeutschland. Erlebte Handlungsfähigkeit im Betrieb und (anti)demokratische Einstellungen. Otto-Brenner-Stiftung, Arbeitspapier 64, Frankfurt a. M.; www.otto-brenner-stiftung.de/ fileadmin/user_data/stiftung/02_Wissenschaftsportal/03_Publikationen/AP64_IC_ Ostdeutschland_WEB.pdf.

Sauer, Dieter/Stöger, Ursula/Bischoff, Joachim/Detje, Richard/Müller , Bernhard (2018): Rechtspopulismus und Gewerkschaften. Eine arbeitsweltliche Spurensuche, Hamburg.

Urban, Hans-Jürgen/Hebel, Stephan (2023): Krise.Macht.Arbeit. Über Krisen des Kapitalismus und Pfade in eine nachhaltige Gesellschaft, Frankfurt a. M./New York.

Links

Verein zur Bewahrung der Demokratie

An vielen Orten müssen Gewerkschafter*innen gegen rechte Umtriebe aktiv werden, auch am Arbeitsplatz. Die Hetzer vom rechten Rand spielen dabei bewusst mit den Ängsten der Menschen, um sich am Ende als Retter in der Not anzubiedern. Die IG Metall sieht die Entwicklung mit Sorge: Denn solche Gruppierungen bieten keine Lösungen für ernste Probleme an, sondern schüren stattdessen mit Provokationen Hass und versuchen, die Belegschaften zu spalten. Deshalb hat die IG Metall den Verein zur Bewahrung der Demokratie (VBD) gegründet.

www.bw.igm.de/wir/vbd.html

Otto-Brenner-Stiftung

Die Otto-Brenner-Stiftung initiiert und fördert verschiedene Projekte, die sich mit dem Aufkommen des Rechtsextremismus in der Arbeitswelt und mit demokratischen Gegenstrategien befassen. Zu den Themen gehören unter anderem: »Die AfD vor dem Superwahljahr 2024«; »Autoritäre Dynamiken in unsicheren Zeiten – Informationen zur Leipziger Autoritarismus-Studie«; »Soziale Rhetorik – neoliberale Praxis. Eine Analyse der Wirtschafts- und Sozialpolitik der AfD« und andere mehr.

www.otto-brenner-stiftung.de/wissenschaftsportal/informationsseiten-zu-studien/

Betriebliche Demokratie stärken – Rassismus und Rechtsextremismus im Betrieb bekämpfen

Nach dem Ansatz des Industrial Citizenship neigen Beschäftigte mit positiven Beteiligungs- und Demokratieerfahrungen deutlich seltener zu rassistischen und rechtsextremen Positionen. Das Projekt unterstützt daher zum einen Betriebsrät*innen und Vertrauensleute, ihre Angebote für ihre Kolleg*innen möglichst beteiligungsorientiert umzusetzen. Gemeinsam mit Belegschaften, Betriebsrät*innen und Vertrauensleuten entwickeln wir zudem betriebsspezifische Strategien zum Umgang mit rechtsextremen Betriebsratslisten und weiteren rechtsextremen und rassistischen Aktivitäten.

betriebliche-demokratiekompetenz.de/projekt/betriebliche-demokratie-staerken-rassismus-und-rechtsextremismus-im-betrieb-bekaempfen/

VAU – Vernetzung, Aufklärung, Unterstützung Gewerkschaftliche Bildung gegen rechte Einflussnahme in der Arbeitswelt

Die Gewerkschaften sind eine zentrale Säule des Kampfs gegen die extreme Rechte, gegen Rassismus und Diskriminierung. Ob im Betrieb, in den Mitbestimmungsgremien oder im DGB und in den Mitgliedsgewerkschaften engagieren sich Kolleg*innen für ein demokratisches und solidarisches Zusammenleben. VAU ist Ansprechpartner für engagierte Kolleg*innen und vernetzt Aktive aller DGB-Gewerkschaften bundesweit. VAU ist ein gemeinsames Projekt des DGB-Bundesvorstands und des DGB Bildungswerks.

www.dgb-bildungswerk.de/politische-bildung/vau-vernetzung-aufklaerung-unterstuetzung

Demokratie und Migrations- und Antirassismuspolitik

Die Gefahren für unsere Demokratie, die Angriffe auf das demokratische System und die Gestaltung der Migrationsgesellschaft sind unsere Themen. Wir analysieren Rassismus und Antisemitismus im Betrieb, beobachten die Strategien von Parteien der extremen Rechten und informieren darüber. Wir kümmern uns um das Thema Migration und bekämpfen die Arbeitsausbeutung von Zugewanderten, wir beraten und unterstützen die Betroffenen.

www.dgb.de/der-dgb/fachabteilungen-und-verbindungsstellen/migrations-und-antirassismuspolitik/

Mach meinen Kumpel nicht an – Die gelbe Hand

Der Verein »Mach' meinen Kumpel nicht an! – für Gleichbehandlung, gegen Rassismus e.V.« bekannt auch als »Kumpelverein« oder »Gelbe Hand« ist Teil des gewerkschaftlichen Engagements gegen Rassismus und Rechtsextremismus.

www.gelbehand.de

ZAKO

Der ZAKO ist der »Zentrale Arbeitskreis Offensiv gegen Rassismus und Rechtsextremismus« auf der Bundesebene von ver.di.

zako.verdi.de/ueber-uns

IG Metall: Aktiv gegen Rechts

Diese Seite enthält verschiedene Beiträge mit Hintergrundinformationen und praktischen Tipps für Kolleginnen und Kollegen zur Auseinandersetzung mit Rassismus im Alltagsleben und im Betrieb.

www.igmetall.de/politik-und-gesellschaft/gleichstellung-und-integration/aktiv-gegen-rechts